Dieses Buch wollte ich meinem Bruder Christian widmen.
Er freute sich daran, dass ich darin viele unserer
gemeinsamen Jugenderinnerungen wieder geweckt habe.
Leider ist er vor Fertigstellung des Manuskripts an
einer Krankheit verstorben, gegen die es kein Kraut gibt.
So mag es nun zu seiner Erinnerung sein.
Tschau, chlyses Brüederli!

Katharina Rüegg

Gesundheit aus meinem Garten

KOSMOS

Inhalt

VORWORT

„Eure Nahrungsmittel sollten Heilmittel, und eure Heilmittel sollten Nahrungsmittel sein.“

Hippokrates (460 bis 377 v.Chr.)

Eigentlich hätten wir es heutzutage ja schön: Es gibt wohl kaum mehr einen Ort, an den ein Arzt nicht hinkäme. Würde ich auch auf dem höchsten Berggipfel krank, so könnte man mit dem Handy den Arzt rufen, der dann mit dem Helikopter angeflogen käme.
Eigentlich.
Aber dieser Komfort hat auch seinen Preis. Wir sind nachlässig geworden. Nachlässig, was unsere Gesundheit betrifft. Der Komfort, den Arzt gleich um die Ecke zu wissen, hat uns ganz vieles vergessen lassen, was für unsere Großmütter noch Selbstverständlichkeit war.
Nun häufen sich aber Berichte über den Ärztemangel in ländlichen Gegenden. Und damit wird das Wissen wieder aktuell, das viele von uns – vor allem die Jüngeren – nicht mehr wissen können.
Zum Glück hatte ich eine Großmutter und einen Vater, die mir von diesem Wissen ganz viel mit auf meinen Lebensweg gaben. Und heute, wo ich selbst im Großmutter-Alter bin, fühle ich mich geradezu verpflichtet, dieses Wissen weiterzugeben.
Meine Vorfahren waren Walser. Also ein Volksstamm, der seit vielen Jahrhunderten hoch in den Bergen wohnte und der sich im Laufe dieser Jahrhunderte vom Schweizer Bergkanton Wallis bis nach Norditalien, das Tessin, Graubünden und nach Vorarlberg ausbreitete, dort Dörfer gründete, die im Winter durch den Schnee vollkommen von der Umwelt abgeschlossen waren. Da hat sich im Laufe der Zeit viel Wissen angesammelt, wie man mit einfachsten Mitteln Krankheiten vermeiden oder – sofern man früh genug einschreitet – auch heilen kann.
Meine Großmutter hat solche Zeiten noch erlebt. Sie hat mir auch von den Ängsten erzählt, die im Winter aufkamen, wenn jemand an einer Lungenentzündung erkrankt war, oder – schlimmer noch – an einer Blinddarmentzündung. Erstere konnte man, wenn man früh genug Hilfe leistete und der Patient stark genug war, kurieren, Letztere war wohl in vielen Fällen ein Todesurteil.

Diese Menschen wussten es noch, welch ein Glück es ist, gesund zu sein.
Ich habe dreißig Jahre hier im Tessin verbracht, wo die ärztliche Versorgung für heutige Verhältnisse sehr, sehr mangelhaft war. Ein Arzt fuhr einmal in der Woche durchs Tal. Wer in der Nähe der Autostraße sein Domizil hatte, konnte dann auch um seinen Besuch bitten. Diejenigen, die – wie ich – an einem Ort wohnen, an den man nur zu Fuß hingelangt, mussten im Notfall entweder mit der Ambulanz oder mit dem Helikopter ins nächstgelegene Spital gebracht werden. (Gottlob ist das heute, dank eines deutschen Arztes, der in der Talmitte seine Praxis hat und der auch bei mir Hausbesuche machen würde, besser geworden.) Die nächste Apotheke ist aber immer noch so weit entfernt, dass man, um ein Medikament zu holen, beinahe zwei Stunden mit dem Auto unterwegs sein muss.
Die Zeit ohne Arzt hat mich gelehrt, auf meine Gesundheit und auf diejenige meiner Mitbewohnerinnen und -bewohner zu achten. Ich weiß auch dank meiner Großmutter, was ich für „Erste-Hilfe-Maßnahmen" ergreifen kann, die dann oft die Konsultation eines Arztes überflüssig machen. Abgesehen von den vielen Heilkräutern, die rings um mein Haus wachsen, gibt es eine Unmenge von Pflanzen, die ich als Lebensmittel in der Vorratskammer, im Garten oder im Wald, der mein Haus umgibt, habe und die auch Heilmittel sind. Da muss ich aber einschränkend sagen, dass ich es vorziehe, gewisse rein medizinisch wirkende Kräutertees oder -öle in der Apotheke zu beziehen. Der Apotheker kann mir einen standardisierten Gehalt an Wirkstoffen garantieren.
Ich denke oft, wir gehen heute mit unserer Gesundheit um, als ob sie ein Wegwerfartikel wäre!
„Der Herr Doktor verschreibt mir dann eine Pille, die mich sofort wieder gesund macht."
Um richtig verstanden zu werden: Den erfahrenen Arzt, den Apotheker brauchen wir. Ich möchte

deren große Verdienste in keiner Weise schmälern. Mir geht es darum, auf die Mittel und Möglichkeiten aufmerksam zu machen, und darum, dass der Vorbeugung und ersten Hilfe beim Ausbruch einer Krankheit mehr Aufmerksamkeit geschenkt wird. Und das kann – eben – mit den Mitteln erreicht werden, die uns ohnehin für das tägliche Leben zur Verfügung stehen.

Beinahe täglich höre ich es im Radio, im Fernsehen, lese ich es in den Zeitungen: Das Gesundheitssystem in allen westeuropäischen Ländern ist krank. Die Arzt-, die Spital-, die Medikamentenkosten steigen ins Unermessliche. Irgendwann kommt es zum Kollaps.

Widersinnig: Das System, das für die Erhaltung und die Wiedererlangung unserer Gesundheit verantwortlich sein soll, ist selbst krank. Und die Krankheit kann zum bedrohlichen Krankheitsbild eines Kollapses – eines Zusammenbruchs – führen.

Und die verzweifelte Frage: „Was kann man denn dagegen tun?"

Logisch: Erster Schritt ist es, nach den Ursachen einer Krankheit zu forschen.

Forschen kann man im Labor. Forschen kann man in diesem besonderen Fall aber auch in unseren Lebensgewohnheiten. Und wenn ich die Fülle von Literatur, die Fülle von Fernsehsendungen ansehe, die die gesunde Lebensweise auf diese oder jene Art predigen, dann sollte eigentlich unser Gesundheitssystem vor Gesundheit strotzen. Eigentlich.

„Mein" Forschungslabor kommt ohne Reagenzgläser und Zentrifugen und andere Instrumente aus. Es besteht einerseits eben aus dem Wissen, das mir meine Großmutter und mein Vater vermittelt haben, und andererseits aus dem Wissen der Volksmedizin, das ich für dieses Buch aus deutschen, österreichischen, italienischen, englischen, französischen, amerikanischen und schweizerischen Büchern zusammengetragen habe.

Ein kritischer Leser mag nun einwenden, dass zur eigentlichen Forschung auch das Experiment und schließlich die klinische Prüfung gehören. Kein neues chemisches Arzneimittel darf ohne strengste Prüfungskriterien auf den Markt gebracht werden. Der Nebenwirkungen wegen.

Deswegen: Nichts gegen chemische Medikamente wie zum Beispiel Antibiotika oder Cortison. Sie können lebensrettend sein, da, wo einfache Mittel versagt haben.

Nur: Die Volksmedizin kommt mit Arzneimitteln aus, die wir nicht der Chemie verdanken, die mild wirken, meist gar keine Nebenwirkungen haben – haben können –, weil sie zur täglichen Nahrung gehören. Wenn man lernt, welche Eigenschaften sie aber auch noch zur Vorbeugung oder zur „Ersten Hilfe" im Krankheitsfall haben, dann wird mancher sonst nötige Gang zum Arzt und dann zur Apotheke hinfällig.

Früher waren Arzt und Apotheke oft so schwer, umständlich und zeitraubend erreichbar, dass man sich mit dem helfen musste, was eben in Reichweite lag. Dass der Gang zum Küchenschrank, zum Vorratskeller, in den Garten, in den Wald der nächste war (und eigentlich immer noch ist!), ist logisch. Nur – wir sind heute so verwöhnt, irgendwie chemiegläubig geworden, dass bei jedem Wehweh vor dem Gang zum Küchenschrank der Gang zum Arzt angetreten wird, falls er gleich um die Ecke praktiziert. Und dann sind wir überzeugt, dass die chemischen Mittelchen schneller, sicherer wirken. Aber an die Nebenwirkungen denken wir nicht. Die kommen vielleicht auch viel später. In Form von unerklärlichen Allergien zum Beispiel.

Selbstverständlich ist, dass in Fällen von hohem Fieber, das länger als ein Tag dauert, ein Arzt beigezogen werden muss. Ebenso dann, wenn der Kranke unerklärliche Symptome aufweist, die zum Beispiel von einer Vergiftung herrühren können.

Aber das hindert uns ja nicht, bis zur Konsultation des Arztes schon Maßnahmen zur Senkung des Fiebers (zum Beispiel Essigwickel) zu ergreifen. In Fällen, wo diese Hilfsmittel doch versagen, hat man wenigstens nichts Falsches und somit für den Kranken Schädliches unternommen. Dies sind die großen Vorteile der „Urgroßmutter-Medizin."
Dieses Buch soll Ihnen viel längst beinahe vergessenes Wissen vermitteln. Ein Wissen wie eine ausgestreckte Hand, die immer da ist, wenn man sie braucht.
Bleiben Sie gesund!

Herzlich

KRÄUTER

Wie arm wäre unsere Welt doch ohne die Kräuter! Ich gestehe es, in erster Linie denke ich jetzt an deren Düfte. Aber dann schlucke ich schon leer, weil die Düfte gleichzeitig auch an viele Gaumenfreuden erinnern. Bin ich vermessen, wenn ich behaupte, dass ich mit ganz vielen Kräutern auf „Du und Du“ stehe?

Sie gehören so zu meinem Garten, zu meiner Küche, zu meinem Vorrats- und Apothekenschrank, in den Wäscheschrank, dass ich sie als eigentliche Familienmitglieder aufgenommen habe. Oder ist es umgekehrt?

Küchen-, Heil- und Gewürzkräuter

ANIS

Pimpinella anisum

Es kann ja Zufall sein, aber ich kenne eigentlich nur solche Menschen, die den Anis-Geschmack und -Geruch sehr mögen – oder überhaupt nicht.
Jedenfalls ist Anis eine reine Gaumenfreude (und wäre – für mich wenigstens – eine Gefahr, würde ich in Griechenland leben, weil ich eben deswegen den Ouzo so sehr mag ...).
Im Schweizer Jura gibt es einen andern Schnaps, den Absinth aus Wermut (*Artemisia absinthium*), der auch Anis enthält und viele Jahre lang eigentlich verboten war (den man, den Gerüchten nach, aber trotzdem in den dortigen Restaurants serviert bekam, wenn man – man höre und staune – ein Glas Ziegenmilch bestellte ...). Den verbietenden Behörden zufolge hätte jener Absinth (auf Grund des Wermutgehaltes, nicht etwa durch Anis) Unfruchtbarkeit in der Bevölkerung zur

Was dem Schwaben sein „Springerle", ist dem Schweizer sein „Badener Chräbeli". Der Teig und die berühmten „Füßchen" bleiben sich gleich. Der Anis, der dazu gehört auch...

Vorsicht: Verwechslungsgefahr mit dem sehr giftigen Schierling (dessen Samen widerlich stinken und kahl sind).

Folge gehabt. Aber anderen Quellen zufolge soll Anis ein Aphrodisiakum sein. Wie soll ich das verstehen? Um es auszuprobieren, bin ich längst, längst zu alt ...
Aber jetzt zu den Fakten:

Zum Anbau

Die Anispflanze ist einjährig, Blütezeit zwischen Mai und August, Samenreife: August, September. Anis verlangt ein sehr warmes Klima und warmen, sandigen Boden.
Achtung: Anis ist sehr frostempfindlich!

Anis in der Naturheilkunde

Heilkräftig sind die reifen Samen. Dass sie reif sind, erkennt man daran, dass sie dunkel werden (bei trockenem Wetter die ganze Pflanze abschneiden, die Dolden lose in Papiertüten an einem schattigen, luftigen Ort trocknen lassen). Sie schmecken – eben – nach Anis: Süß und würzig, und die einzelnen Samen sind wie mit einem feinen Pelz bedeckt.
Tee: 1 Teelöffel Anissamen mit $^1/_4$ l kochendem Wasser übergießen, 10 Minuten ziehen lassen, abseihen. Tagsüber schluckweise und möglichst warm einnehmen.

- beseitigt üblen Mundgeruch
- lindert den Schluckauf
- löst den Schleim in den Bronchien
- fördert die Verdauung
- stillt Magenkrämpfe
- stärkt den Magen
- fördert die Nierentätigkeit
- fördert die Milchsekretion, wobei die oben

erwähnten heilenden Wirkungen auch auf die Muttermilch übergehen

- hilft bei Menstruationsbeschwerden

Anispulver: mit einem Mörser zerstoßene Anis-Samen.

- Anispulver, auf die befallenen Körperstellen gebracht, soll Läuse und Milben vertreiben (auch für Haustiere anwendbar!)
- Anispulver bei Lungenentzündung bei Pferden und Kühen 4 bis 5 Esslöffel, bei Schweinen 1 Esslöffel, bei Hunden 1 bis 2 Teelöffel

In der Küche

Im Badischen und Schwäbischen verwendet man Anis für die Springerle, in der Schweiz für die Badener Chräbeli.

ANISZWIEBACK

- *100 g Butter, zimmerwarm*
- *3 Eier*
- *1 Prise Salz*
- *200 g Zucker*
- *etwa 100 ml Milch*
- *2 Esslöffel Anissamen*
- *500 g Mehl*
- *1 Teelöffel Backpulver*

Die Butter schaumig rühren, Zucker, Eier, Anis und Salz beigeben, weitere 10 Minuten rühren. Abwechslungsweise Mehl (mit dem Backpulver vermischt) und Milch nach und nach zum Teig geben. Diesen zu einem Klumpen zusammendrücken und zugedeckt über Nacht kalt stellen. Eine entsprechend große Kastenform mit Backpapier auslegen, den Teig einfüllen. Im auf 150 °C vorgeheizten Backofen etwa 3/4 Stunde backen, dann sofort aus der Form stürzen und noch warm in 1 cm dicke Scheiben schneiden. Diese auf einem Blech bei 180 °C etwa 10 Minuten hellbraun backen. Ausgekühlt in einer Blechdose aufbewahren.

In diesem Buch werden Hinweise zur Volksmedizin gegeben. Nur auf die beschriebenen Arten trifft die angegebene Verwendung zu, ihr Gebrauch setzt daher ihre sichere Kenntnis voraus.
Heilpflanzentees sollten immer nur beschränkte Zeit und nicht länger als nötig eingenommen werden, auch Hausteemischungen sollte man öfter wechseln, verschiedene Kräuter, wie z. B. Rosmarin und Salbei dürfen nicht während der Schwangerschaft eingenommen werden. Behandelt werden dürfen nur leichte Gesundheitsstörungen, die keiner ärztlichen Behandlungen bedürfen. Den Arztbesuch kann dieses Buch auf keinen Fall ersetzen.

BÄRLAUCH

Allium ursinum

Liebe Leserin, lieber Leser,
Nehmen Sie es mir übel, wenn ich hier keine Geschichte voranstelle, sondern darauf hinweise, dass „mein Bärlauchgeschichtlein" schon in einem andern Buch erzählt wurde? In „Mit Kathrin Rüegg durchs Gartenjahr" aus dem Kosmos-Verlag!
Aber – so überlege ich mir, während ich diese Worte schreibe – vielleicht haben Sie, ja genau Sie, keinen Garten, brauchen deswegen auch kein Gartenbuch (obwohl mein Gartenbuch auch ein Geschichtenbuch rings um meinen Garten ist). Darum also eine Kurzfassung jener Geschichte:
Ich habe während vieler Jahre hier im Tal keinen Bärlauch gefunden (obwohl ich behaupten darf, meine Umgebung wie meine Hosentasche zu kennen). Sehr zu meinem Leidwesen. Und deshalb habe ich sowohl aus der Rheinebene in Deutschland als auch aus dem Veneto in Italien sackweise Bärlauch „importiert". Wir machten (und machen natürlich immer noch) Pesto und Essig damit. Ein Gläslein, das ich meiner Nachbarin Amelia schenkte, war die Ursache, dass sie einer-

Ein ich weiß nicht wie viele Jahre unbeachtetes Kraut ist seit einiger Zeit wieder zu seiner (verdienten) Ehre gekommen – der Bärlauch.

seits sehr erfreut über diese Gabe war und mir andererseits verriet, wo man Bärlauch auch hier finden kann. Aber, das versichere ich Ihnen, verraten werde ich diese Stelle gar, gar niemandem ...

Zum Anbau

In einer Gärtnerei habe ich noch nie Bärlauchzwiebeln gefunden, die dort zum Verkauf angeboten worden wären. Dafür habe ich aber vor vielen Jahren von einem lieben Freund eine ganze Tüte voller Zwiebeln erhalten. Während der ersten Jahre war ich um die Stellen besorgt, wo ich die Zwiebelchen gepflanzt hatte (unterm Nussbaum in meinem Hof), sie sind recht feucht zu halten. Sie haben sich dann mit den Jahren ringsum versamt. Und jetzt stelle ich fest, dass sie auch Trockenheit einigermaßen ertragen.

Bärlauch in der Naturheilkunde

Pfarrer Künzle hätte seine reine Freude, wenn er sähe, wie sehr Bärlauch heutzutage wieder geschätzt wird. Offenbar glaubte man lange Zeit, Bärlauch sei giftig. Pfarrer Künzle schildert in „Das große Kräuter-Heilbuch", dass er im Jahr 1910 bei einem Krankenbesuch im Garten des Patienten Bärlauch entdeckte und einige Blätter davon in seine Tasche schob. „Zum Entsetzen der „guten Leute". Sie riefen ihm zu: „Aber Herr Pfarrer, diese Blätter sind giftig, schwer giftig!" „Warum nicht gar!", war meine Antwort. Und zum Zeichen, dass sie nicht giftig seien, aß ich vor ihren Augen einige Blätter. „Ums

Schade, dass es keine „Duftografie" gibt.
Es „chnobläuchelet" hier nämlich ganz gewaltig!

Bärlauchpesto–Fabrikation in meinem Hof

Kathrins Tipp

Kultivierter Bärlauch hat einen Vorteil: Die Gefahr, ihn mit (giftigen!) Maiglöckchenblättern oder Aronstab oder Herbstzeitlosenblättern zu verwechseln, besteht nicht. (Es sei denn, man hätte auch diese Blumen an denselben Stellen im Garten gepflanzt. Das darf man natürlich nicht!) Darauf immer wieder hinzuweisen, halte ich für meine Pflicht.

Himmels willen, Sie müssen sterben, das ist schwer Gift!", riefen mir die Leute voll Angst zu. „Nur kei Angscht, es putzt mi nöd!", war mein Bescheid – die Übersetzung wäre: „Daran sterbe ich nicht." Wobei zu sagen ist, „es putzt mi" ist sehr, sehr derbes Schweizerdeutsch.

In seinem Bärlauch-Kapitel rühmt er auch: „Ewig kränkelnde Leute, Leute mit Flechten und Aissen und Ausschlägen, die Skrofulösen und Bleichsüchtigen sollten den Bärlauch verehren wie Gold" ... und: „Die jungen Leute würden dabei aufgehen wie ein Rosenspalier oder wie die Tannzapfen an der Sonne ..."

Wenn ich die Heilwirkungen zusammenfasse: Bärlauch kann man anwenden bei

- erhöhtem Blutdruck
- Arterienverkalkung (besonders, wenn diese schon weit fortgeschritten ist)
- verschleimten Lungen
- Magen- und Darmproblemen als Reinigungsmittel
- Leberleiden
- Madenwürmern

Äußerliche Anwendung von Saft:

- zur Wundreinigung
- zu Spülungen bei Weißfluss

Einmal mehr sehe ich, welche Apothekenschätze in unserer Umgebung verborgen sind. Man muss sie nur kennen. Die Ausrede „Was ich nicht weiß, kann ich nicht wissen" gilt hier nicht!

BASILIKUM

Ocimum basilicum

Basilikum nennt man in gewissen Gegenden auch „Königskraut" – und ich denke, jedermann muss mir recht geben, dass dieses edle Kraut einen solch vornehmen Namen

Steine, Moos, Gras, Bäume. Ganz in der Nähe wächst „mein" Basilikum

Solch zarte Blätter – und so viele gute Eigenschaften – Basilikum riecht und schmeckt sooo gut!

verdient. Ich mag mich noch ganz genau erinnern, wann ich meine erste Bekanntschaft mit Basilikum machte: Es war Ende der vierziger Jahre in Genua. Da stand in einem kleinen Wirtschäftlein eine Speise auf der Karte, die „pesto genovese" hieß. Ich übersetzte das juxhalber mit „gestampfter Genuese" („pesto" heißt „gestampft – zerdrückt") und war sehr neugierig, wie der, oder besser das schmecken würde. Der Kellner brachte die Speise auf einem Suppenteller, der geheimnisvoll mit einem gewölbten Deckel zugedeckt war. Er stellte den Teller vor mich hin und hob dann mit einem Schwung den Deckel ab. Mmmmh, dieser Duft, dieser unvergleichliche Duft, den, eben, nur Basilikum verbreitet! Ein wahrhaft königlicher Duft! Ich beschloss, dieses Kraut ab sofort in meiner Küche zu verwenden. Nur: Auf dem Markt (ich wohnte damals in Basel) hielt man es nicht (noch nicht) feil. Zum Glück hatte ich mir in Italien auch noch Samen davon besorgt. Ich säte sie also in einem Balkon-Blumenkistchen, pikierte die Sämlinge und erntete in meinem Kistchen Basilikum und bei all meinen Gästen, denen ich stolz meinen Pesto vorführte, nur überschwengliches Lob.

Kathrins Tipp

Einmal mehr ein interessantes italienisches Rezept: Stechmücken kann man vom Schlafzimmerfenster fernhalten, wenn man eine Basilikumpflanze ans Schlafzimmerfenster stellt oder sich vor dem Schlafengehen mit einem zerquetschten frischen Basilikumblatt einreibt. Dritte Möglichkeit: Im Schlafzimmer eine Duftlampe mit Basilikumöl aufstellen.

Zum Anbau

Damals wusste ich noch nicht, wie gerne Schnecken Basilikum fressen. Und da ich jetzt also zu meinen botanischen Hinweisen komme, muss diese Tatsache als Allererstes ganz dick unterstrichen werden.

Da hilft nur eines: Der Balkongarten!

Und auch die Saat im Balkongarten (ich nehme humus- und nährstoffreiche Erde) hat ihre Tücken. Mir scheint, ein kalter Windhauch, eine Temperatur von weniger als +8° Celsius lässt den Basilikum schon erfrieren. Windgeschützte Lage und über Nacht abdecken ist da die Alternative, wenn ich den Ehrgeiz habe, meinen Basilikum selbst anzubauen. Und natürlich darf ich ihn niemals mit kaltem Wasser gießen.

Basilikum ist einjährig. Seine Stiele verzweigen sich und tragen eiförmige Blätter. Heutzutage gibt es Spielarten mit grünweiß gescheckten oder roten und violetten Blättern. Ich bleibe am liebsten bei der ganz gewöhnlichen Sorte, würde mich höchstens für einen Wechsel gewinnen lassen, wenn es eine schneckensichere Variante gäbe.

In der Küche

Für den Gebrauch in der Küche hole ich mir bei Bedarf die entsprechende Menge frischer Blätter, das heißt, ich schneide einfach Seitenzweige ab. So bleibt mir die Pflanze erhalten. Für den Gebrauch in der Küche außerhalb der Saison verwende ich nicht getrockneten, sondern in Öl konservierten Basilikum. Der frische Basilikum-Geschmack und -Geruch bleiben so erhalten.

PESTO GENOVESE

Will man seinen Gästen Pesto genovese servieren, nimmt man pro Person entweder eine Handvoll frisches Kraut, im Mixer mit Olivenöl zerkleinert, oder 1 Esslöffel vom oben erwähnten Basilikum in Öl. Außerdem 1 Esslöffel geriebenen Parmesankäse, 1/2 gepresste Knoblauchzehe, Salz, Pfeffer, 1 Esslöffel Pinienkerne, 1 Esslöffel Olivenöl, und – falls man das bekommt – 1 Esslöffel fein geriebenen Schafskäse (Pecorino). Alles gut vermengen. Auf einem vorgewärmten Teller Spagetti anrichten, in die Mitte für die Sauce eine Vertiefung drücken. Je 5 Esslöffel Pesto mit 1 Esslöffel des Teigwarenwassers verrühren und in die Vertiefung geben. Und ganz wichtig: Den im Glas verbleibenden Rest Pesto wieder mit einer frischen Schicht Olivenöl bedecken!

Bohnenkraut – die ergebene Kammerzofe des vornehmen Herrn Basilikum

KATHRINS TIPP

Basilikum in Öl haltbar machen:
Früher musste man dazu einen Mörser verwenden, mit dem man die Basilikum-Blätter zerstampfte. Heute geht das einfacher mit einer Küchenmaschine. Die gewaschenen und ganz gut auf einem Küchentuch getrockneten Blätter werden in die Maschine gedrückt. Sie sollte zu etwa 2/3 gefüllt sein (gut stopfen!). Dann gibt man noch so viel Olivenöl bei, dass das Mixmesser gut greift und mixt so lange, bis ein kompakter Brei entstanden ist. Diesen füllt man in Schraubdeckelgläser von etwa 200 ml Inhalt. Wiederum gut stopfen. Oben etwa 2 cm frei lassen. Die Gläser über Nacht stehen lassen, am andern Tag etwa 1 cm hoch Olivenöl einfüllen. Die Gläser verschließen und an einem kühlen, dunklen, trockenen Ort aufbewahren. 1 Teelöffel davon würzt alle Speisen.

BOHNENKRAUT

Satureja hortensis

Wenn man Basilikum als Königskraut bezeichnet hat, dann wäre es beim Bohnenkraut eigentlich angezeigt, ihm die Rolle einer Kammerzofe zuzuweisen. Es ist anspruchsloser, liebt aber etwa dasselbe Klima wie Basilikum und auch etwa denselben Boden.

Zum Anbau

Das in unseren Gegenden angebaute Bohnenkraut (*Satureja hortensis*) ist einjährig. Es gibt aber auch eine mehrjährige Art (*Satureja montana*), die unser relativ raues Klima noch besser erträgt. Der Geschmack beider Arten ist praktisch gleich und erinnert entfernt an Pfeffer.
In der Küche verwende ich das Bohnenkraut wenn möglich frisch gepflückt. Für die übrigen Jahreszeiten wird es gedörrt.

Was wäre ein Bohnengericht ohne Bohnenkraut?

Man soll es kurz vor dem Ansatz der Blütenknospe abschneiden, in losen Bündeln gebunden an einem trockenen, schattigen, luftigen Ort trocknen.

Bohnenkraut in der Naturheilkunde

Tee: 1 Teelöffel getrocknetes Kraut mit einer Tasse kochendem Wasser übergießen, 10 Minuten ziehen lassen, abseihen. Hilft bei

- Verdauungsstörungen
- Blähungen
- Brechreiz
- begleitend bei Zuckerkrankheit (stillt den Durst: 3 bis 4 Tassen täglich schluckweise trinken)
- Leber- und Gallenerkrankungen

In der Küche

Würde es denn Bohnenkraut heißen, wenn man es nicht zu allen Gerichten mit grünen Bohnen verwenden könnte? Ob grüne Bohnen als Gemüse oder als Salat: Bei mir gehört da Bohnenkraut dazu. Und das verleidet mir nie.

Hie und da gebe ich es aber auch den Kohlgerichten bei. Einerseits, weil das gut schmeckt, andererseits aber auch wegen seiner blähungshemmenden Wirkung. Auch zu Fleischgerichten passt es. Zum Beispiel zu Lamm- oder Kaninchenbraten.

LAMM- BOHNEN- ODER KOHL-EINTOPF

(für 4 Personen)

- *800 g Lammfleisch, würflig geschnitten*
- *800 g grüne Bohnen oder Weißkohl geputzt*
- *3 bis 4 Kartoffeln, würflig geschnitten*
- *2 Esslöffel frisches oder 1 Esslöffel getrocknetes Bohnenkraut*
- *heißes Wasser*
- *1 Teelöffel Salz*

Fleisch, Bohnen oder Kohl und Kartoffeln in einen gut verschließbaren Kochtopf geben. Das Bohnenkraut dazwischen streuen. Salz zum heißen Wasser geben und so viel Salzwasser dazufügen, dass der Inhalt zu $^3/_4$ damit bedeckt ist. Zugedeckt etwa $1^1/_2$ Stunden auf kleinem Feuer garen.

BORRETSCH

Borago officinalis

Borretsch ist auch so ein Pflänzlein, dass ich ihn ins Herz schließen musste! Und würde es weder zum Kochen noch als Medizin gebraucht werden können, ich hätte es trotzdem gern in meinem Garten. Seiner blauen Äuglein wegen! Nicht umsonst heißt Borretsch auch „Blauhimmelsstern“ und „Liebäuglein“ (schon wieder die Äuglein!!).

Borretschblüten: Blaue Äuglein, die mich überall im Garten anlachen ...

Ist es die Unkompliziertheit? Der Borretsch ist und bleibt mein geheimes Schätzli!

Das anspruchslose, einjährige Kraut versamt sich selbst. In meinem Garten hat es Narrenfreiheit und darf überall dort gedeihen, wo es ihm gerade gefällt. Und wenn ich den Geschmack von Borretsch beschreiben soll? Ich erfinde dazu extra ein Wort: Borretsch schmeckt gurkig!

Zum Anbau

Borretsch stellt keine großen Ansprüche ans Klima und an den Boden. Er kommt auch verwildert vor – nicht nur in meinem Garten – auch auf Brachfeldern. Ihn anzusäen lohnt sich für alle, die diesen Gurken-Geschmack gerne mögen. Was mir erst beim Schreiben dieser Zeilen auffällt: In der Küche verwenden wir ihn nur frisch als Gewürz, so, wie er im Garten gepflückt werden kann. Und zwar nehmen wir immer nur die unteren Blätter ab – eben – wegen der blauen Äuglein.

BRUNNENKRESSE

Nasturtium officinale

Ich gehöre zu den glücklichen Menschen, die ganz nahe an einem Bächlein wohnen, an dem Brunnenkresse in Hülle und Fülle gedeiht. Ohne dass wir je etwas dazutun, können wir sie ernten, bevor auch nur ein einziges Kraut in unserem Garten schon so weit gediehen wäre, dass man es für einen Frühlingssalat holen könnte. Nicht umsonst nennt man die Brunnenkresse auch „Wassersenf". Sie riecht senfartig und der Geschmack geht in dieselbe Richtung.

Brunnenkresse zeigt an, dass das Wasser, an dem sie gedeiht, Trinkwasser-Qualität hat. Das kann manchen durstigen Wanderer beruhigen ...

Auch wenn noch Schnee liegt, finde ich manchmal schon Brunnenkresse-Blättchen.

Essbar ist Brunnenkresse, bevor sie geblüht hat. Blütezeit: ab Juni bis in den Herbst hinein.

Brunnenkresse kann man auf keine Weise konservieren. So bleibt dann eben die Zeit, wo man sie frisch ernten kann, um sich ihre gesunden Eigenschaften zu Nutze zu machen.

Brunnenkresse in der Naturheilkunde

Für Heilzwecke ist Frischsaft aus Brunnenkresse geeignet. Diesen stellt man her, indem man die frisch gepflückten Blätter zerhackt und dann auspresst (zum Beispiel mit einer Presse, die man auch zur Herstellung von Kartoffelpüree verwendet). Dieser Saft soll aber mit der fünffachen Menge Wasser verdünnt werden. Zwei- bis dreimal am Tag je 1 Tee- bis Esslöffel voll. Aber wichtig: Den Saft höchstens jeden zweiten, besser nur jeden dritten Tag einnehmen (er kann sonst Entzündungen in Hals und Magen auslösen).

Ich pflücke die Brunnenkresse am ehemaligen Waschplatz unseres Dorfes, da wo eine Quelle entspringt.

Dieser Frischsaft – in der oben erwähnten Dosierung verwendet, ist

- magenstärkend
- regt die Magensäfte an
- schleimlösend
- harntreibend

Äußerliche Anwendung von Brunnenkresse-Frischsaft (mit fünffacher Menge Wasser verdünnt) kann als Umschlag verwendet werden bei

- Hautkrankheiten
- Hautunreinheiten
- kreisförmigem Haarausfall (*Alopecia areata*)
- vertreibt Sommersprossen

Kathrins Tipp

Pssst: Bitte nicht weitersagen:
Pulverisierten Samen von Brunnenkresse soll man als Niespulver verwenden können.
Und noch mehr pssst: Das muss ich ausprobieren ...
und bitte dem Setzer sagen, dass er diesen Satz so klein setzen muss, dass nur besonders Neugierige ihn überhaupt lesen können ...

FRÜHLINGSSALAT

- *4 Esslöffel Butter*
- *2 Esslöffel Weißweinessig oder Zitronensaft*
- *Salz, Pfeffer*
- *1 Hand voll Brunnenkresse*
- *1 Hand voll Löwenzahnrosetten*
- *1 Hand voll Brennnesselspitzen*

Die Butter zergehen lassen, Essig oder Zitronensaft beigeben, würzen, nochmals aufschäumen lassen. Die geputzten Kräuter in eine Schüssel geben und mit der heißen Salatsauce übergießen, gut vermengen und $^1/_4$ Stunde stehen lassen.

DILL

Anethum graveolens

Ich glaube, dass Dill ein Kraut ist, das seinen Ursprung nördlich der Alpen hat, denn es kommt eigentlich in den Rezepten der Mittelmeerküche nicht vor. Sein Geschmack passt – wenigstens nach meiner Ansicht – auch nicht zu den südlichen Gewürzkräutern. Wenn man aber in den Rezepten der zypriotischen Küche nachschaut: Siehe, da wird auch Dill verwendet. Ich kann mir das zum Beispiel so vorstellen, dass es die Engländer (lange Jahre

Besatzungsmacht auf Zypern) waren, die Dill auch in südlichen Speisen nicht vermissen wollten und deshalb Samen von zu Hause mitbrachten.

Zum Anbau

Ich säe Dill im April an einem sonnigen Standort aus. Manchmal versamt er sich auch von selbst. Als etwas unordentliche Gärtnerin lasse ich die Pflänzlein dann da stehen, wo es ihnen gefällt.

Dill in der Naturheilkunde

Generell hat Dill die ähnliche Heilkraft wie Fenchel und Kümmel, teilweilse auch wie Anis. Und wie bei Anis gibt es einen

Tee: Blätter und Blüten werden vor der Samenreife geerntet und – zu losen Bündeln gebunden, im Schatten getrocknet. Im Schraubdeckelglas dunkel und trocken aufbewahren. „Dilltee ist ein richtiges Hausmittel für die ganze Familie". So empfiehlt Willfort ihn und zählt dann auf:

- Dilltee mit Honig vermengt hilft bei Schlaflosigkeit und bei Nervosität
- Säuglingen gibt man ungesüßten Dilltee bei Blähungen und Bauchweh
- bei Nabelbrüchen macht man Umschläge oder Dampfbäder mit Dilltee
- Sitzbäder mit Dill- und Dillsamenaufguss lindern Gebärmutterschmerzen (Periodenschmerzen), auch Magen- und Darmkoliken
- Dillsamentee – ungesüßt getrunken, hilft prompt bei Schluckauf und bei Erbrechen

Dillwein: Hierzu überbrüht man Dillsamen und die obersten Schosse mit Dillblüten mit Weißwein, lässt abkühlen und trinkt das schluckweise

- bei Magenschmerzen
- bei Blähungen
- bei Verstopfung
- zur Förderung des Stuhlgangs

Kathrins Tipp

Warnung: Dill kann mit Schierling verwechselt werden. Eine einfache Geruchsprobe verhindert aber diese Gefahr: Dill riecht angenehm würzig, Schierling stinkt!

Dill: Zart aber oho!

Dass in diesem feingliedrigen Dill-Pflänzchen so viel Aroma steckt!

Dillsamen

Die ausgereiften Blütenstände abschneiden, in einer Papiertüte an einem luftigen Ort aufhängen, trocknen, die Samen abschütteln, in Schraubdeckelgläsern dunkel und trocken aufbewahren.

- Kauen von Dillsamen nimmt üblen Mundgeruch

KATHRINS TEEMISCHUNGEN

Beruhigungstee:	je 40 g Dill- und Anissamen, je 20 g Kamillenblüte und Hopfen gut vermengen. 1 Teelöffel mit 1 Tasse kochendem Wasser aufgießen, abseihen, abkühlen und mit 1 Teelöffel Honig dazu gemengt vor dem Schlafengehen trinken.
Tee zur Milchförderung:	je 50 g Dill- und Anissamen und Majorankraut gut vermengen. 3 Teelöffel mit 3 Tassen kochendem Wasser aufgießen, abseihen, abkühlen, mit 3 Teelöffel Honig vermengen, im Verlaufe des Tages portionenweise trinken.

In der Küche

Dillkraut verwende ich frisch und ganz fein zerschnitten (zum Beispiel zu Salzkartoffeln, zu Fisch, zu Salaten – vor allem Gurkensalat) und mache – mit aufgeblühten Blütentrauben – auch Dillkronen-Essig daraus. Diesen verwende ich in Jahreszeiten, in denen es keinen frischen Dill gibt zur Abwechslung für Blattsalat oder zu Fischgerichten.

Es lohnt sich nicht, Dillkraut nur für den Gebrauch in der Küche zu trocknen. Auch eingefroren hat er nur noch wenig Würzkraft.

Die reifen Samen kann ich als Gewürz zum Einmachen von Essiggurken, als Brotgewürz oder zur Abwechslung, in Butter geröstet, zum Blumenkohl verwenden.

DILLKRONEN-ESSIG

- *1 l Apfel- oder Weißweinessig*
- *1 Esslöffel Senfkörner*
- *1 Esslöffel weiße Pfefferkörner*
- *1 Esslöffel Zucker*
- *2 bis 3 Dillkronen mit Samenständen*

Alle Zutaten außer den Dillkronen aufkochen, abseihen. Die frisch gepflückten Dillkronen in eine weiße 1-l-Flasche mit Schraubdeckel geben. Den Essig dazuschütten. Gut verschlossen an einem dunklen, kühlen Ort aufbewahren.

Ich verwende ihn im Winter zu Kopf- oder Gurkensalat.

ESTRAGON

Artemisia dracunculus

Wenn ich Estragon charakterisieren soll: Eigentlich mag ich ihn, aber er hat eine Charaktereigenschaft, die ich auch bei Menschen nicht mag: Er drängelt seine Kollegen (also seine Mit-Kräuter) beiseite! Natürlich kann er ja nichts dafür, dass seine Würzkraft so stark ist, dass alle anderen Kräuterdüfte und -aro-

men total übertönt werden. Wenn ich dieser Tatsache aber Rechnung trage und beim Würzen eben *nur* Estragon verwende oder nur ein Viertel der Menge der übrigen Mittelmeerkräuter nehme, dann stimmt die Freundschaft wieder. (Wenn es beim Umgang mit Menschen nur auch so einfach wäre ...)
Was ich nicht weiß (und doch gerne wissen möchte): Der lateinische Name *Artemisia* hat doch sicher etwas mit der griechischen Göttin Artemis zu tun. Und *dracunculus*? mit „Drache"?
Wieviele interessante Fragen liegen da noch vor mir – und würde ich auch 100 Jahre alt: Es gäbe immer noch Stoff für weitere 100 Jahre. Aber diese Bemerkungen haben nun nichts mehr mit Estragon zu tun.

Zum Anbau

Estragon ist mehrjährig. Beinahe bin ich versucht, zu sagen, er sei vieljährig. Der Stock, den ich in meinem Garten habe, ist bestimmt schon zwanzig Jahre alt. Ich habe ihn auch schon etliche Male geteilt und dann Wurzeln an liebe Freunde verschenkt. Wasser nimmt er, wenn er es bekommt, wenn nicht, ist ihm das offenbar auch egal. Die Erde, die er bei mir hat, ist sandig und kalkarm. Einzig sein Standort, der muss sonnig sein.
Wenn er blüht, schneide ich ihn an einem sonnigen Tag zur Mittagszeit, bündle ihn und lasse ihn im Schatten trocknen. Aufbewahrung in Schraubdeckelgläsern an einem dunklen, trockenen Ort.

Estragon in der Naturheilkunde

Tee: 1 Teelöffel getrocknetes Kraut mit 1 Tasse kochendem Wasser übergießen, 10 Minuten ziehen lassen. Hilft bei

- Erkältungskrankheiten
- Stoffwechselerkrankungen
- Skorbut
- schwacher Nierentätigkeit
- ist menstruationsfördernd

Wer es versteht, Estragon, den aufdringlichen Kerl, in der richtigen Dosierung zu verwenden, dem wird er sympathisch.

Früher mussten meine beiden Lieblinge Lasten tragen. Jetzt dienen sie nur noch als Mistlieferanten für den Garten… vornehm, oder?

In der Küche

Es gibt ein Sauce, die wäre ohne Estragon nicht denkbar: Die Sauce Béarnaise. Hierfür benötigt man Estragon-Essig, der ganz einfach selbst herzustellen (und im Ladengeschäft oft ganz schön teuer) ist.

In eine glasklare 1-Liter-Flasche gibt man 4 bis 5 Estragon-Zweige, am besten, wenn der Estragon frisch aufgeblüht ist. Gießt dann guten Weißweinessig dazu und lässt die Flasche etwa 3 Wochen an der Sonne stehen. Dann sollte man das Kraut aus der Flasche entfernen. Es könnte, wenn man den Essig nach und nach aufbraucht und das Kraut dann mit Luft in Kontakt kommt, schimmeln.

Und brauchen kann man diesen Essig – mit $^2/_3$ anderem Essig vermengt – zu Salaten oder eben zur

SAUCE BÉARNAISE

- *4 Esslöffel Estragon-Essig oder 4 Esslöffel Weißweinessig und 2 Teelöffel Estragon*
- *$^1/_2$ Lorbeerblatt*
- *Salz, Pfeffer*
- *1 Eigelb*
- *1 Esslöffel kaltes Wasser*
- *125 g Butter in Flöckchen zerteilt*
- *1 Messerspitze Cayennepfeffer*
- *$^1/_2$ Teelöffel Zitronensaft*
- *Frische Estragon-Zweige zum Garnieren*

Essig, Lorbeerblatt, Salz und Pfeffer auf ein Drittel einkochen lassen. Abseihen, auskühlen lassen. Mit dem Eigelb und dem Wasser in einem kleinen Kochtopf gut verrühren. Den Kochtopf in ein Wasserbad stellen. Auf kleinstem Feuer die Masse so lange rühren, bis sie dicklich wird. Dann nach und nach die Butterflöckchen dazugeben, dabei ständig rühren. Mit dem Cayennepfeffer und dem Zitronensaft abschmecken. Zu kurz gebratenem Fleisch oder Fisch sofort servieren. Mit den Estragon-Zweigen garnieren.

KATHRINS TIPP

Sollte die Sauce zu flüssig werden, einen Esslöffel Eiswasser dazumengen.

Dringend sollte ich herausfinden, weshalb die berühmte Estragon–Sauce „Sauce–Béarnaise“ heißt.

KNOBLAUCH

Allium sativum

„Du chnobläuchelisch!" – „Du riechst nach Knoblauch" – eine der Ängste vornehm sein wollender Menschen. „Um Gottes Willen – nichts wäre ärger als das!"

Dabei gibt es einige wirklich hilfreiche Mittel, um den Knoblauchgeruch zu bannen: Zum Beispiel drei Zweige frischer Petersilie zerkauen oder einen Teelöffel Kümmelsamen zerbeißen oder eine Tasse Kümmeltee trinken.

Aber zuallererst muss ich zum Thema Knoblauch hier einen herzigen Schweizer Witz erzählen: Der Ursli – er war schon sehr betagt – ist gestorben und kommt in den Himmel. Petrus empfängt ihn. „So, du bist also der Ursli aus dem Haslital. Mal sehen, was gegen dich vorliegt." Er blättert in seinem großen Sündenbuch. „Mhm. Du scheinst ein guter Mensch gewesen zu sein. Ich kann dir deshalb auf Wölkli acht ein Hüsli mit einem Gärtli zuweisen. Und ein Bänkli hat es auch vor dem Hüsli." Der Ursli zieht dort ein, findet sein Häuschen nett, das Bänkchen davor und das Gärtlein auch. Nur – seine Frau, das Vreneli, fehlt ihm halt schon sehr.

Einige Jahre vergehen. Schließlich kommt auch das Vreneli in den Himmel. Petrus bereitet ihm denselben Empfang, stellt fest, dass auch es ein gottesfürchtiges Leben gelebt hat. Es darf deshalb auch aufs Wölkli acht zum Ursli ins Hüsli mit dem Bänkli und dem Gärtli davor. Beide sind glücklich. Am Abend sitzen sie Hand in Händli auf dem Bänkli und schauen vom Wölkli acht auf die Erde hinunter. „Gäll, das isch schön", sagt der Ursli mit einem wohligen Seufzer aus tiefstem Herzen. „Ja", antwortet das Vreneli etwas giftig. „Ja, und das hätten wir alles schon viel, viel eher haben können. – Aber du mit dyne Schyss-Chnoblauchpille!"

Knoblauch: Wer ihn nicht mag, ist selber schuld.

Wer diese Geschichte kennt, prägt sich die lebenserhaltenden Fähigkeiten von Knoblauch für alle Zeit und Ewigkeit ein!

Zum Anbau

Bei mir ist das Klima zu rau, um Knoblauch schon im Herbst zu stecken. Wir holen das aber im relativ zeitigen Frühjahr nach, legen schöne Knoblauchzehen knapp von Erde bedeckt im Abstand von etwa 15 cm im Wechsel mit Karotten. Unsere Erde ist dafür sehr geeignet. Entsprechend fällt auch die Ernte aus. Und ich bin jedes Mal von tiefem Stolz erfüllt, wenn ich einen Knoblauchzopf flechten kann, den wir dann an einem dunklen, trockenen Ort aufhängen. Eigentlich wäre er eine Zierde in meiner Küche. Aber dort ist es zu hell und zu warm dafür. Schade, wenn die Zehen dann ausschlagen. Denn Knoblauch, der schon grüne Spitzen angesetzt hat, soll viel kräftiger – Entschuldigung – stinken. So, dass auch die oben erwähnten geruchsdämpfenden Mittel nicht mehr helfen.

Knoblauch in der Naturheilkunde

- roh oder gekocht genossen
- schützt vor ansteckenden Krankheiten
- stärkt Herz und Lungen
- hilft bei Gicht und Rheumatismus
- reinigt Magen und Darm
- wirkt bei Sexualschwäche
- Knoblauch in Milch gekocht ist eine Wurmkur

Äußerliche Anwendungen von rohem, gequetschtem Knoblauch

- in die Kopfhaut eingerieben, vertreibt er Schuppen

Öl, in dem man Knoblauch gekocht hat

- lauwarm ins Ohr geträufelt, hilft gegen Ohrenweh

Wein, in dem man Knoblauch gekocht hat

- löst Nierensteine auf
- hilft bei hohem Blutdruck

Kathrins Tipp

Geheim-Mittel der italienischen Volksmedizin gegen Impotenz: Mindestens einmal täglich 3 fein geschnittene Tomaten mit drei Knoblauchzehen und 1/2 Teelöffel zerdrückten Kümmelsamen essen!

KÜMMEL

Carum carvi

Kümmel ist – neben Schnittlauch und Petersilie, die in unserem Garten in Arosa wuchsen – das erste Würzkraut, das ich kennen lernte: In „guten“ Jahren konnten wir auf einigen besonders geschützten Wiesen im September emden, auf Hochdeutsch: „Einen zweiten Heuschnitt machen“ – aber das tönt soo kompliziert ...

In diesem Gras stand auch wilder Kümmel, der beinahe reife Samen hatte. Die Stängel wurden sorgfältig gepflückt und kopfüber in einer Papiertüte zum Trocknen aufgehängt. Die weggefallenen, trockenen Kümmelsamen bewahrte man dann in einem Glas auf. Er wurde einerseits als Medizin verwendet, andererseits wenn Papa nach dem Schlachten der Schweine die Würste damit würzte. Für den „normalen“ Küchengebrauch verwendete unsere Köchin gekauften Kümmel. Bergkümmel würzt kräftiger. Das betont auch Großmutters Kräuterpfarrer Künzle. Von ihm sind auch die folgenden Rezepte.

Kümmel in der Naturheilkunde

Milch, in der Kümmel gesotten wurde, ist ein heilsames Hustengetränk für Kinder.

Kümmelsuppe ist ein altes Hausmittel gegen Bauchschmerzen und gegen Schwindelanfälle, die nicht durch Verstopfung hervorgerufen sind.

Wein, in dem Kümmel gesotten wurde, stillt das Abweichen (Blähungen) und vertreibt Würmer, er muss aber warm getrunken werden. Dieser Kümmelwein ist besonders auch alten Leuten zu empfehlen, die beim Urinieren Beschwerden haben oder an Hämorrhoiden leiden.

Andere Autoren führen wieder ganz andere Vorteile von Kümmel auf:

Kümmeltee: 1/2 Teelöffel Samen auf 1 Tasse Wasser, aufkochen, 10 Minuten ziehen lassen, abseihen. 2 bis 3 Tassen täglich schluckweise getrunken

- fördert die Menstruation und löst die krampfartigen Schmerzen
- stillt Wehenschmerzen
- fördert die Milchsekretion
- ist eines der besten Mittel bei Magenschmerzen, Magenkolik
- Blähungen und Brechreiz
- üblem Mundgeruch

Kümmel, schmeckt fein, riecht fein (sogar nach gleichzeitigem Knoblauchgenuss)!

Willfort erwähnt ein Mittel aus der russischen Volksheilkunde: Kümmeltee soll „ein sehr gutes Heilmittel bei Trunksucht" sein. Ungesüßt trinken; am 1. Tag 4 bis 5 Tassen, am 2. Tag 4 Tassen, am 3. Tag 3 Tassen, am 4. Tag 2 Tassen, dann während 3 Wochen je 1 Tasse. „Zuerst stellt sich Erbrechen ein, dann folgt zumeist ein Durchfall und erhöhte Harn- und Schweißabsonderung. Diese Kur ist bei Rückfall zu wiederholen. Der Erfolg bleibt nicht aus".

Kümmelbäder

- macht man zur Stärkung schwächlicher Kleinkinder

KÜMMEL-KUTTELN

(für 4 Personen)

* *2 Esslöffel Olivenöl*
* *1 Zwiebel, fein gehackt*
* *800 g gekochte Kutteln (Kaldaunen), in feine Streifen geschnitten*
* *100 ml trockenen Weißwein*
* *300 ml Brühe*
* *2 Esslöffel Kümmel*
* *2 Esslöffel Petersilie, fein gehackt*

Das Öl heiß werden lassen, die Zwiebel darin andämpfen, die Kuttelstreifen beigeben, mitdämpfen, mit dem Wein und der Brühe ablöschen. Den Kümmel beigeben, eventuell nachwürzen. Etwa 1 Stunde kochen lassen, eventuell noch etwas Flüssigkeit beigeben. Mit der Petersilie bestreut servieren.

LIEBSTÖCKEL

Levisticum officinale

Heutzutage können viele, die keinen Garten ihr Eigen nennen, mit der Bezeichnung „Liebstöckel" nichts anfangen. Sage ich aber „Maggikraut", dann kommt meist ein überzeugtes „Aha!". Allerdings. Ich sage nicht Maggikraut (mit zwei G), sondern „Matschikraut", weil nämlich – ich nehme an, das sei wahr – die Maggiwürze von einem Herrn Maggi, der aus dem tessinerischen Maggiatal stammte, erfunden worden sei. Und im Maggiatal spricht man bekanntlich italienisch und in der italienischen Sprache spricht man das mit zwei G geschriebene Maggi wie Matschi aus ..., ecco!

Soviel zu meinen Kräuter-Sprachbemerkungen ...

Ach nein, da wäre noch ein netter Hinweis: Pfarrer Künzle nennt den Liebstöckel liebevoll „Liebstöckli" – also „Kleiner Liebstock". Und ich stelle fest, dass ich jetzt das Wort „Liebe" in nur zwei Zeilen viermal geschrieben habe. Wenn das nicht lieb ist!

Zum Anbau

Natürlich habe ich auch einige Liebstöckel-Pflanzen in meinem Garten. Zu meinem Leidwesen fühlen sie sich im sandigen und vielleicht auch zu kalkarmen Boden nicht sehr wohl. Sie serbeln still vor sich hin. Vom „kahlen, röhrigen Stengel, der eine Höhe von einem bis zwei Metern erreicht", (so Pfarrer Künzle) keine Rede! Immerhin liefern sie mir

ein paar Mal zur Sommerszeit genügend Blätter, dass ich sie in meiner Küche für einige wenige (und doch ach so feine) Rezepte verwenden kann. Für medizinische Zwecke wird vor allem die Wurzel empfohlen, zum Teil auch das Kraut und die Samen.

Liebstöckel in der Naturheilkunde

Tee aus frischen oder getrockneten Wurzeln: 1 Esslöffel auf 1/2 l Wasser, 1/4 Stunde gekocht, abgeseiht.
Liebstöckel wird heute empfohlen bei Verdauungsbeschwerden wie Aufstoßen, Sodbrennen und Völlegefühl. Nicht anwenden bei Entzündungen des Nierengewebes sowie eingeschränkter Nierenfunktion und während der Schwangerschaft.

In der Küche

Für die Verwendung des Liebstöckels in der Küche gibt es keine Einschränkungen.

Liebstöckel – auch so ein Lieblingskind von mir.

LIEBSTÖCKEL-NUDELN

(pro Person)
Einfacher (aber auch schmackhafter) geht es nicht mehr.

* *75 bis 100 g Teigwaren, in Salzwasser weich gekocht*
* *1 Esslöffel Liebstöckelblätter, gehackt*
* *2 Esslöffel Butter*
* *2 Esslöffel Parmesankäse, gerieben*

Die gekochten Teigwaren mit dem Liebstöckel und der Butter gut vermengen. Zugedeckt einige Minuten stehen lassen. Zugedeckt auf den Tisch stellen. Den Duft tief einatmen, den Käse dazu reichen und dann die Speise zusammen mit einem mit Zwiebeln vermischten Tomatensalat essen. Kein Mensch hat bei mir je das fehlende Fleisch reklamiert!

MAJORAN

Origanum majorana

Was wären viele Fleisch-Speisen ohne Majoran? Einmal mehr die erstaunliche Doppelwirkung von Kräutern, die einerseits eine Speise schmackhafter machen und andererseits dazu beitragen, deren Verdauung zu fördern.

Zum Anbau

Majoran ist – wie eigentlich alle Kräuter, die aus dem Süden stammen – ein bescheidener Geselle. Frost mag er nicht, frisch gedüngte Erde auch nicht. Aber sonst ist er zufrieden mit einer Ecke im Garten, in Gesellschaft mit andern südlichen Kräutern und lieber wenig Wasser.

Majoran in der Naturheilkunde

Meine Großmutter hatte stets ein Töpfchen mit Majoran-Salbe zur Hand. Ich glaube, sie besorgte es sich schon damals in der Apo-

Darauf bin ich sehr, sehr stolz: ein Stück meines eigenhändig gerodeten Gartens.

theke, erzählte mir aber, dass man die Salbe früher selbst hergestellt habe, indem man den frischen Saft ausgepresster Pflanzen mit Butter vermengte.

Diese Salbe darf nicht bei Säuglingen und Kleinkindern angewendet werden. Sie hilft Erwachsenen bei

- Schnupfen (ins Nasenloch eingeführt)
- Gicht, Rheumatismus
- Muskelkater

Majorantee empfiehlt sich bei

- Monatsschmerzen
- überfülltem Magen
- Zahnweh (als Gurgelwasser)
- Unwohlsein nach zu viel Alkohol

Getrockneter Majoran ist laut Pfarrer Künzle „ein Schnupftabak, der der Nase wohltut". (Stimmt, ich habe es soeben ausprobiert!!)

In der Küche

Was wären Fleischküchlein oder ein Hackbraten ohne Majoran? Hier aber ein Rezept aus der italienischen Küche.

KOHLRABI-GEMÜSE MIT MAJORAN

* *2 Esslöffel Butter*
* *1 Zwiebel, fein gehackt*
* *800 g Kohlrabi, geviertelt, in Scheiben geschnitten*
* *Salz, Pfeffer*
* *1 Esslöffel frischen Majoran, fein gehackt oder 1 Teelöffel Majoran getrocknet, gerebelt*
* *100 ml Brühe*

KATHRINS TIPP

Achtung: Mehr als 1 bis 2 Tassen Majorantee (1 Teelöffel getrocknetes Kraut auf 1 Tasse kochendes Wasser, nach 10 Minuten abgeseiht) pro Tag soll man nicht trinken. Sonst können Kopfschmerzen auftreten. Und man darf ihn auch nicht über einen längeren Zeitraum anwenden.

Und nochmals Achtung: Majoran hebt den Blutdruck. Also ist er nicht zu empfehlen für Menschen mit hohem Blutdruck.

Ich verwende die Blätter nicht nur in der Küche. Ein Duftsäckchen voller getrockneter Majoranblätter riecht fein im Wäscheschrank.

- *Saft einer halben Zitrone*
- *2 Esslöffel Rahm*
- *2 Esslöffel Petersilie, fein gehackt*
- *100 g Parmesan-Käse, gerieben*

Die Butter zergehen lassen, die Zwiebel darin glasig dämpfen, die Kohlrabischeiben beigeben, würzen. Den Majoran darüber streuen, mit der Brühe und dem Zitronensaft ablöschen, etwa 1/2 Stunde kochen. Den Rahm beigeben, nochmals zum Siedepunkt erhitzen. Mit der Petersilie bestreut servieren. Den Käse extra dazu reichen.

Kleines Muster aus einem meiner Kräuterbeete

MELISSE

Melissa officinalis

Für mich ist der Geschmack der Melisse, also der Zitronenmelisse, einer der Inbegriffe für „Sommer“: Frisch, warm, leicht säuerlich, allein der Geruch schon durststillend. Ihr Name stammt aus dem Griechischen: „Honig“. In Italien nennt man sie auch „Citronella“.

Zum Anbau

Der Melisse gefällt es bei mir, obwohl sie aus wärmeren Zonen stammen soll, ausnehmend gut. Manchmal muss ich ihrem Wachstumseifer Einhalt gebieten. Infolge des Melissen-Segens haben wir vor vielen Jahren eine bedeutende Erfindung gemacht: Apfelgelee mit Zitronenmelisse! Das Rezept steht am Ende der Melissen-Beschreibung. Und wer es nicht selbst nachkochen will, kaufe das Gelee in meinem Ladengeschäft hier im Tessin!

Wer Melisse als Heilkraut selbst gewinnen will, beachte, dass man sie möglichst nicht mit bloßen Händen berühren und nie mit Metall in Kontakt bringen (das heißt, in Blechdosen aufbewahren) soll.

Melisse in der Naturheilkunde

Einmal mehr stelle ich einen Satz von Pfarrer Künzle an den Anfang:

„Der Melissentee ist der Trost der Frauen: Er macht leicht ums Herz und wird daher besonders den Kindbettfrauen als Herzstärkung verabreicht. Er nimmt die Herzbeklemmung, Schwindelgefühle, Schwermut, Migräne.“

Hier gehen die Heilige Hildegard und mein Pfarrer Künzle sogar einig: Auch sie empfiehlt Melisse, weil sie „Unmut un Trawigkeit der Melancholey wendet“. (Vielleicht machte es der Pfarrer Künzle aber nur so wie ich jetzt: Er übernahm die Ratschläge der Hildegard.)

Auch wer nie eine „Kindbettfrau“ war: Die

Möglichkeit, dass man durch das Trinken von Melissentee Herzbeklemmungen und gar Schwermut verhindern kann, muss doch alle neugierig machen. Und – auch einmal mehr – nützt er nicht, so schmeckt er gut und schadet nicht.

Melissengeist: Etwa 10 Stängel Melisse in eine glasklare 1-l-Flasche geben, mit Kirschwasser oder Grappa auffüllen, 3 Wochen an der Sonne stehen lassen, abseihen

- bei Appetitmangel
- Blähungen und Koliken
- nervösen Magenbeschwerden
- Asthma
- Bronchialkatarr
- Zahnschmerzen
- Kopfschmerzen
- Schlaflosigkeit
- Nervenschwäche

Zum Einreiben bei

- Blutergüssen
- Quetschungen
- Insektenstichen

Pfarrer Künzle gibt auch ein Rezept für einen Pfefferminz-Melissengeist (je 500 g Pfefferminz- und Melissenblätter in einem großen Einmachglas mit 1-l-Feinsprit (Alkohol 95-prozentig) und $1^1/_2$ l Wasser übergießen. 4 bis 6 Tage der Sonne aussetzen oder an einem

Zitronenmelisse: Nie gibt es genug davon in meinem Garten.

Zitronenmelisse ist ein „Sommerkraut" par excellence. Sogar wenn man im Winter Tee aus getrockneten Blättern kocht.

warmen Ort ziehen lassen. Das Gefäß ist gut zuzudecken. Nach 4 oder 6 Tagen abfiltrieren, gut mit Zucker süßen, in Flaschen abziehen und diese gut verkorken als Mittel gegen

- Ohnmachten
- Übelkeiten
- Herzgeschichten

Mein Rezept hingegen gehört in die Küche.

APFELGELEE MIT ZITRONENMELISSE

Eine beliebige Menge Falläpfel mitsamt dem Kerngehäuse und der Schale zerschneiden, knapp mit Wasser bedeckt weich kochen, das Mus über Nacht durch ein Filtriertuch abtropfen lassen. (Mit dem berühmten System, dass man einen Küchenstuhl mit den Beinen nach oben auf einen Tisch stellt, das Filtriertuch zwischen den Beinen gut festbindet, aber so, dass in der Mitte eine Vertiefung entsteht. Darunter stellt man eine möglichst große Teigschüssel. Das Mus ins Tuch schütten. Der Saft kann nun durch das Sieb in die Schüssel tropfen.) Wenn man klares Gelee will, darf man das im Tuch zurückgebliebene Apfelmus nicht ausdrücken.

„Meli“ heißt Honig auf griechisch. Und damit wissen wir schon, wie fein Melisse schmeckt: Als Tee, im Dessert, im Salat, beinahe überall.

Den Saft messen. Auf 1 l Saft nimmt man 1 kg Zucker, den Saft von einer Zitrone und mindestens 50 g Zitronenmelisse, fein gehackt. Saft, Zucker und Zitronensaft kochen, bis das Gelee in Tropfen vom Kochlöffel fällt (etwa 1/2 Stunde), eventuell abschäumen. Die Melisse dazurühren, noch 2 Minuten kochen. Das Gelee sofort in heiß ausgespülte Schraubdeckelgläser füllen. Diese sofort verschließen. Dunkel, kühl und trocken aufbewahren.

PETERSILIE

Petroselinum crispum

Wieder ein kleiner Ausflug in kräutersprachlicher Hinsicht: „Peterli“ nennt man in der Schweiz die Petersilie. Zärtlich: „Peterchen“. Mir scheint diese Koseform für das Allerwelts-Würzkraut in der Küche absolut berechtigt zu sein. Früher kannte man – zumindest in der Schweiz – Schnittlauch und Petersilie als Würzkräuter. Und damit hatte es sich. Das geht auch aus den Rezepten der traditionellen deutschschweizer Küche hervor. Im Tessin, also auf der Alpensüdseite, hat man die aus dem Mittelmeerraum stammenden Würzkräuter logischerweise schon viel eher gekannt.

Interessant ist es auch, dass in den Küchen auf der Alpensüdseite zum Würzen der Speisen praktisch nur die glatte Petersilie verwendet (und deshalb in den Gärten angebaut) wird. Die krause Petersilie verwendet man zwar heute auch hier, aber eigentlich eher als Garnitur der fertigen Speisen.

Zum Anbau

Petersilie kann eine Gärtner-Anfängerin zum Verzweifeln bringen! Fünf Wochen dauert es, bis sich die Keimlinge zeigen. Weise Großmütter haben das ihren Enkelinnen so erklärt, dass die Petersilie eben zuerst nach Rom zum Heiligen Petrus reisen muss, um seinen Segen zu holen, bevor sie sich im Garten zeigen darf. Sozusagen als Trost für die lange Keimzeit sei es, dass die Petersilie nicht ausgedünnt werden muss.

Man muss ihn gern haben, den Peterli. Und er passt eigentlich zu allem Fleisch, zu allem Gemüse, zu allem Salat. „Für schön“ genauso wie „für gut“.

Petersilie in der Naturheilkunde

Wurzel und Kraut als *Tee* oder als *Zusatz zu Speisen* haben alle dieselben Heilwirkungen. Tee nicht während der Schwangerschaft oder bei entzündlichen Nierenerkrankungen anwenden. Kraut und Wurzel

- regen die Verdauung an
- hemmen Blähungen
- sind krampfstillend
- steigern die Monatsregel
- haben einen günstigen Einfluss auf Blasen- und Leberleiden, auch Gelbsucht

In der Küche

Ein Rezept, in dem Petersilie die Hauptrolle spielt, kenne ich nicht. Es wäre aber müßig, all die Verwendungsarten von Petersilie hier aufzuzählen. Sie verbessert Suppen, Gemüse, Salate und dient jeweils ebenso als grünes Dekorationselement, auch wenn man sie gehackt verwendet. Einmal mehr: Das Auge isst mit.

Die empfehlenswerteste Konservierungsart ist hier das Tiefkühlen: Man wäscht die frisch gepflückte Petersilie, trocknet sie auf einem Küchentuch möglichst gut ab, hackt sie fein und gibt sie in Tiefkühldosen. Bei Bedarf nimmt man mit einem Löffel die benötigte Menge aus der Dose und streut sie gekühlt über die damit zu würzenden Speisen.

PFEFFERMINZE

Mentha × piperita

„Minzen gehören eigentlich in alle Teemischungen wie das Salz in die Speisen, ausgenommen in jene Tees, die gegen Fieber und Entzündungen eingenommen werden." Natürlich predigt das „mein" Pfarrer Künzle.

Zum Anbau

Eine meiner Gärtner-Freundinnen jammerte, dass ihre Pfefferminze bald zu einem Unkraut ausarte. Ein Teil ihres „Unkrauts" hat sie dann mir gebracht, denn ich habe nie genug Pfefferminze im Garten. Gepflanzt habe ich sie vor – ich weiß nicht mehr – fünfzehn oder noch mehr Jahren. Vielleicht breitete sie sich bei mir nicht so sehr aus, weil meine Katzen Pfefferminze beinahe noch mehr lieben als ich und sich manchmal vor Wonne darin wälzen. Wer also Katzen nicht so sehr mag wie ich, soll seine Pfefferminze eben katzensicher mit einem Zaun umgeben. Ich habe das Problem so gelöst, dass die Katzen nun ihren eigenen Minzenbereich haben und die Minze, die ich für mein Pfefferminzgelee brauche, ebenfalls von einem katzensicheren Zaun umgeben ist.

Da möchte ich doch gerne wissen, wie viele verschiedene Arten es davon gibt. Allein in meinem Garten sind es fünf. Und da sind dann noch die übrigen Minzen.

Die Pfefferminze erkennt man leicht: Ihr Stengel ist rötlich, derjenige der übrigen Minzenarten ist grün. Der Geschmack der Pfefferminze ist – der Name sagt es – etwas „pfeffriger" als derjenige ihrer grünen Schwestern. Für mich ist es aber auch die Beste.

In meinem Garten hat sie einen Platz auf relativ feuchtem Boden.

Für Tee schneide ich im August um die Mittagszeit an einem sonnigen Tag (dann ist der Gehalt an Menthol in der Pflanze am höchsten) die ganzen Stängel ab. Was dann noch nachwächst, kann immer noch als Tüpfelchen auf dem i einen Salat oder ein Dessert schmücken.

Pfefferminze in der Naturheilkunde

Tee: 1 Teelöffel getrocknetes Kraut mit 1 Tasse kochendem Wasser übergießen, 10 Minuten ziehen lassen, abseihen.

- bei Gallenschmerzen (bei Gallensteinen nur nach Rücksprache mit einem Arzt verwenden)
- Krämpfe im Magen-Darm-Bereich

Als Mundspülung bei

- Zahnfleischentzündungen
- Zahnschmerzen
- wunder Zunge
- Mundgeruch

Als Umschlag angewendet

- bei Kopfschmerzen (sofern sie nicht von Fieber herkommen)
- bei „Kopfgrind" der Kinder

Tee mit Honig gesüßt

- „vergeht bei alten Leuten das Keuchen und der schwere Atem, da dieser Tee überall erwärmt und den Wasserabgang fördert"

Diesmal mein Gartenstolz, von einer anderen Seite aufgenommen

Pfefferminzeinlage in die Schuhe

- verhindert kalte Füsse

Pfefferminzauflage auf die Stirn gegen

- Schnupfen
- Kopfweh

In der Küche

Die englische Küche ist auf dem Kontinent (und – offen gestanden, auch bei mir) ja nicht unbedingt beliebt. Einige Ausnahmen gibt es aber doch. Allen voran die Pfefferminzsauce, die zum Lammfleisch, auch allgemein zu gegrilltem Fleisch apart schmeckt und nicht so bekannt ist wie die übrigen Grillsaucen.

PFEFFERMINZSAUCE

- *das Weiße eines altbackenen Brötchens*
- *6 Esslöffel Weißweinessig*
- *50 g Puderzucker*
- *Salz*
- *60 g Pfefferminzblätter, ganz fein gehackt*

Das Brot mit dem Essig beträufeln, stehen lassen. Abseihen (den Essig zurückbehalten). Den Brotbrei fein zerdrücken, mit dem Puderzucker und dem Salz vermengen, die Pfefferminzblätter beigeben. Alles gut vermengen, noch so viel vom Abseih-Essig beigeben, dass eine homogene, glatte Sauce entsteht. Im Kühlschrank einige Tage haltbar.

ROSMARIN

Rosmarinus officinalis

Als ich – ganz am Beginn meiner Arbeit für dieses Buch – eine Liste derjenigen Pflanzen anfertigte, die dafür in Frage kommen könnten, notierte ich mir als erstes den Rosmarin. Er nimmt nicht nur in meiner Küche einen Ehrenplatz ein. In meinem Haus wird morgens oft ein Duftlämpchen mit Rosmarinöl angezündet, weil ich den Duft über alles liebe. Kunststück: Ich habe es nach vielen Jahren meiner Bekanntschaft mit ihm im Zusammenhang mit unseren Großmutter-Sendungen erfahren: Rosmarin hebt niedrigen Blutdruck. Und meiner ist – besonders morgens – ganz, ganz tief unten! Der Körper weiß oft viel besser als das Hirn, was seinem Menschen gut tut!

Pfarrer Künzle kannte den Rosmarin, gibt auch Rezepte für „Rosmarinwein" und „Rosmarinlikör" – beide aber als Medizin gedacht. Ich weiß auch noch ganz genau, wann ich zum ersten Mal Bekanntschaft mit dem Rosmarin machte: Es war anfangs der sechziger Jahre in Jerusalem. Ich hatte eine liebe Freundin, eine ungarische Jüdin, die mich dahin eingeladen hatte. Sie wohnte in einem alten Araberhaus. Und am Gartentor stand ein mehr als mannshoher Busch, der den betäubenden Duft ausströmte, dem ich – jetzt werde ich poetisch – richtiggehend verfiel. Weder meine Freundin noch ich wussten, was das für ein Strauch sei.

In meinem Reisegepäck war natürlich ein Pflanzen-Bestimmungsbuch. Und da fand ich denn also den Namen des Strauches: Rosmarin!

Rosmarin – das erinnerte mich an Romeo und Julia! Da liest man etwas oder hört im Theater davon – und plötzlich wird das „Etwas" lebendig – und riecht sooo fein.

Aber dass Rosmarin in der Küche, später auch in meiner Küche, eine so wichtige Rolle spielen würde, wusste ich damals noch nicht. Dafür war dann auch noch ein Aufenthalt in Italien nötig. Übertreibe ich, wenn ich heute behaupte, auch die Küchen der Alpennordseite wären heute kaum mehr denkbar ohne Rosmarin?

Zum Anbau

Es gibt Leute, die sagen, ich hätte einen „grünen Daumen". In Bezug auf meine Anbaukünste mit Rosmarin stimmt das überhaupt nicht! Ich schaffe und schaffe es seit meinen ersten Jahren im Tessin nicht, einen Rosmarinstrauch heil über den Winter zu bringen. Alles habe ich schon probiert: Kühl und hell stellen, einmal wöchentlich Wasser geben. Dito mit zweimal wöchentlichem Wasserguss. Kühl und etwas dunkler stellen – nichts. Alle andern von gescheiten Gärtnern empfohlenen Winterquartiere habe ich ausprobiert. Zornig schließlich auch den Entschluss gefasst, den Rosmarin einfach im Garten zu lassen. Nichts. Das heißt doch: Verdorrte Pflanzen, die ich wegwerfen musste.

Minze und Melisse lieben sich. Nicht nur, wenn man sie gemeinsam in Speisen und zu Kräutertees verarbeitet. Auch im Kräuterbeet stehen sie gern beisammen (wuchern sie um die Wette).

Mein Nachbar Odivio, in dessen Garten ein Rosmarinstrauch steht, den seine Mutter vor über zwanzig Jahren gepflanzt hat, hat mir geraten, einen im Frühjahr gekauften Rosmarinstrauch während des ganzen Sommers schlicht zu vergessen, vor allem, ihm keine Zweige abzubrechen und ihn auch nicht zu gießen, kühl und hell zu überwintern. Dann hätte er genügend Zeit, um verholzen zu können, so, dass er auch bei uns winterhart würde.

Ich habe seinen Ratschlag natürlich befolgt. Während des Sommers gedieh die Pflanze prächtig. Und was ist dann geschehen? Die Mitarbeiterin, die ihn während meiner Abwe-

senheit an seinem kühlen und hellen Ort hätte hie und da gießen sollen, hat das schlicht und einfach vergessen!! Und jetzt stehe ich wieder da ohne Rosmarin!
Aber ich schwör's: Ich werde es auch dieses Jahr wieder versuchen, einen Rosmarinstock zu überwintern. Habe ich ihn vielleicht *zu* gerne?

Rosmarin in der Naturheilkunde

Rosmarin nicht während der Schwangerschaft anwenden.
Tee: 1 Teelöffel getrocknete Nadeln und/oder Blüten auf 1 Tasse kochendes Wasser, 10 Minuten ziehen lassen, abseihen.

- fördert die Durchblutung
- fördert die Verdauung
- intensiviert die Leber- und Gallenblasenfunktion
- normalisiert den Kreislauf

Abkochungen von Rosmarin: 50 g Nadeln in 1 l Wasser aufkochen, abseihen, dem Badewasser beigeben als Badezusatz bei

- niedrigem Blutdruck
- Herzbeschwerden
- Rheumatismus
- Verstauchungen

Nicht nur Würz- und Heilkraut, auch Zauberkraut. Rosmarin soll den „bösen Blick" fernhalten!

Rosmarin-Wein: 20 g getrocknete Rosmarin-Blätter in 1 l Weißwein 4 Tage lang ziehen lassen, filtrieren. 3 x täglich 1 Likörglas 1 Stunde vor den Mahlzeiten trinken bei

- geistiger Erschöpfung
- Kopfschmerzen
- Seh- und Hörschwäche
- zur Blutreinigung
- zur Harnförderung

ROSMARIN-SCHNITZEL

(für 4 Personen)

* *1 Esslöffel Olivenöl*
* *1 Esslöffel Butter*
* *2 Rosmarin-Zweige*
* *4 Schweineschnitzel, geklopft*
* *Salz, Pfeffer*
* *600 g Äpfel (Renetten oder Boskop), geschält, Kerngehäuse entfernt, in je 8 Schnitze zerteilt*
* *2 Esslöffel Brandy*

Öl und Butter zergehen lassen, die Rosmarin-Zweige darin einige Minuten dämpfen, das Fleisch dazulegen, beidseitig anbraten. Die Schnitzel beidseitig würzen, zusammen mit den Rosmarin-Zweigen in eine vorgewärmte feuerfeste Platte legen, Die Apfelschnitze über dem Fleisch anordnen, den Brandy und das Bratfett darüber gießen. Im auf 150 °C vorgeheizten Ofen 20 Minuten braten. Falls das Gericht zu sehr austrocknen würde, mit etwas heißem Wasser begießen.
Tomatensalat mit gehackten Zwiebeln schmeckt fein dazu!

SAFRAN

Crocus sativus

„Safran macht den Kuchen geel." Ich weiß nicht, ob dieses Sprüchlein nur im Schweizerdeutschen gebraucht wird. Auf alle Fälle schießt es mir immer durch den Kopf, wenn ich in der Küche zum Kochen oder Backen

Ich wünschte mir, einmal an einer Safranblüte riechen zu dürfen. Der Duft muss ja betörend sein, sonst hätte man ihn kaum je entdeckt.

dieses Gewürz brauche. Ein Gewürz, das ich sehr, sehr liebe. Und ich weiß, dass es noch vielen so geht. Was wäre ein „Risotto milanese" ohne Safran?

Und wie wunderbar schmeckt doch der Gugelhopf aus einfachstem Hefeteig, wenn man diesen mit Safran würzt!

Natürlich kenne ich ihn seit meiner frühesten Jugend. Einmal mehr war es mein Papa, der mir die Geschichte vom Safran erzählte. Die Geschichte, dass der Safran eigentlich aus dem Orient stammt, dass schon Salomon ihn im Alten Testament erwähnt hat, aber auch, dass es in der Schweiz, im Wallis nämlich, einen Ort gibt, der sich auf den Anbau von Safran spezialisiert hat.

Erfahren habe ich all diese Kenntnisse, wenn wir über die Krokus übersäten Frühlingswiesen gingen. Dass der Safran ein naher Verwandter unserer Krokusse ist, aber im Herbst blüht. So wie die Herbstzeitlosen, mit denen man ihn jaaa nicht verwechseln darf, weil diese giftig sind. So nahe liegen Gutes und Giftiges manchmal beieinander (nicht nur in der Pflanzenwelt!!).

Über den Anbau verliere ich hier keine Worte. Es wird wohl kaum jemandem einfallen, Safran zu pflanzen. Spätestens, wenn man erfährt, dass es für 1 kg Safran etwa zwei Millionen Blüten braucht, gibt man diesen Plan wohl auf.

Dafür ist es wichtig, einige andere Punkte über Safran zu kennen: Kein anderes Gewürz wird durch allerlei andere Zusätze so gerne gefälscht. In einem meiner Kräuterbücher lese ich, dass im Mittelalter Fälscher von Safran sowohl in Deutschland als auch in der Schweiz mit dem Tode bestraft wurden! Entweder wurden sie verbrannt oder bei lebendigem Leib begraben ...

Safran kommt als feine Fäden (das sind die getrockneten Narben der Safran-Blüte) oder als Pulver in den Handel.

Safran in der Naturheilkunde

Früher wendete man Safran bei verschiedenen Beschwerden an. Heute jedoch wird er nur noch als Gewürz verwendet oder in der Homöopathie, da 20 g als tödlich gelten und Vergiftungserscheinungen schon bei geringerer Dosierung möglich sind.

Es hat wohl noch niemand gezählt, wie viele Menschen unter Rückenschmerzen leiden müssen, bis 100 g Safran geerntet worden sind – es müssen unzählige sein.

Eine Handvoll Safranblüten im Herbst. Kunststück, dass man unseren Krokus als „Frühlings-Safran" bezeichnet. (Nur – Risotto kochen kann man damit leider nicht.)

SAFRAN-SUPPE

(für 4 Personen)

* *400 g Kartoffeln*
* *1 l Wasser oder Gemüsebrühe*
* *Salz, Pfeffer*
* *1 Prise Safran*
* *2 Esslöffel Schnittlauch, fein gehackt*

Die Kartoffeln im Salzwasser oder in der Gemüsebrühe weich kochen, durch ein Sieb streichen. Mit dem Safran würzen, noch einige Minuten köcheln, mit dem Pfeffer abschmecken und mit dem Schnittlauch bestreut servieren.

SALBEI

Salvia officinalis

Zur Abwechslung ein aus dem Lateinischen übersetztes Zitat: „Wie kann der Mensch noch sterben, solange Salbei in seinem Garten wächst?"

In der Tat: Ich kann blättern wo ich will. Von sämtlichen Autoren wird Salbei gepriesen gegen Krankheiten vom Kopf bis zum Fuß.

Als eine der Mittelmeerpflanzen, die meine Großmutter eben nicht kennen konnte, habe auch ich die Bekanntschaft mit Salbei als Medizin relativ spät gemacht: Hier im Tessin, als ich in die Wechseljahre kam. Ich begegnete meiner (sehr resoluten) Nachbarin, die gute zehn Jahre älter ist als ich. Ich war gerade dabei, das Beet mit den Mittelmeer-Kräutern zu jäten. Infolge eines Hitzewallungs-Anfalls lief mir der Schweiß in Strömen von der Stirn. Sie sagte in ihrer bekannt freundlichen Art: „Mein Gott, wie blöd bist du doch. Da jätest du im Schweiße deines Angesichts um deinen Salbeistock herum und weißt nicht, dass es genügen würde, zwei, drei seiner Blättlein zu zerkauen und dein Schweiß würde nicht mehr auf die arme Pflanze heruntertropfen." Emilias Medizin nützte noch eher, als unser Gespräch zu Ende war und sie ihren Weg zu den Ziegen kopfschüttelnd fortsetzte. Nicht ohne vorher zu bemerken: „Wenn man schon so gescheit ist, dass man Bücher schreiben kann, sollte man solch einfache Dinge doch wissen." Ich habe in solchen Fällen eine zwar dumm tönende, aber wahre Weisheit parat: „Was man nicht weiß, kann man nicht wissen."

Zum Anbau

Wie viele Mittelmeer-Kräuter ist auch Salbei bescheiden, was seine Ansprüche an den Boden anbelangt. Bei mir hat er den sandigen,

Die alten Griechen opferten Salbeizweige einmal im Jahr Kadmos, der die Heilkräfte dieses Krautes entdeckte.

kalkarmen Boden, den wir im Frühjahr mit etwas Kompost verbesssern. Er hat lieber warmes, trockenes Klima und am liebsten viel Sonne. Für den Gebrauch in der Küche pflücken wir einzelne Blätter oder Zweige. Der Rest wird gedörrt und so sowohl als Würze als auch als Medizinal-Tee verwendet. Hierfür pflücken wir die ganzen Stängel an einem sonnigen Tag um die Mittagszeit und trocknen sie an einem schattigen, luftigen Ort.

Salbei in der Naturheilkunde

Frische Blätter zerkauen gegen

- üblen Mundgeruch
- Schweißausbrüche

Tee: 1 Teelöffel getrocknete, zerriebene Blätter auf 1 Tasse kochendes Wasser, 10 Minuten ziehen lassen, abseihen. Hilft bei

- Appetitlosigkeit
- Erkältungskrankheiten („säubert die Lungen")
- Nervosität
- Gicht
- inneren Krämpfen
- erhöhter Ansteckungsgefahr bei Infektionskrankheiten

Zum Gurgeln gegen

- Parodontose
- Halsweh

Zum Einreiben bei

- Ungezieferbefall der Kopfhaut
- dünnem Haarwuchs
- Zittern

In der Küche

Ich irre mich wohl nicht, wenn ich behaupte, das bekannteste Gericht mit Salbei sei „Saltimbocca alla Romana". Hier kann kein anderes Kraut Salbei ersetzen. Wohl weniger bekannt ist die nachstehende einfachste Spaghettisauce, die gleich drei heilkräftige Pflanzen enthält: Knoblauch, Salbei und Olivenöl.

Seltsam: Ein zerriebenes Salbeiblatt riecht für mich immer ein bisschen nach Medizin. Aber wenn ich es dann zerkaue, schmeckt es nach ... mehr!

SPAGHETTI CON AGLIO E SALVIA

(für 4 Personen)

* *300 bis 400 g Spaghetti*
* *5 Esslöffel Olivenöl*
* *2–3 Knoblauchzehen, gepresst*
* *10 frische Salbeiblätter, ganz belassen oder fein gehackt oder 1 Esslöffel getrockneten, zerbröselten Salbei*
* *100 g Parmesan-Käse, gerieben*

Das Öl erhitzen, den Knoblauch darin etwas anbräunen, den Salbei beigeben, einige Minuten auf kleinem Feuer köcheln lassen. Über die fertig gekochten Spaghetti gießen, mit zwei Gabeln alles gut durchmischen. Den Käse separat dazu auf den Tisch stellen.

THYMIAN

Thymus vulgaris

Wenn mich jemand Ende Mai/Anfang Juni besuchen will und den Fußweg zu meinem Haus hochgeht, kann er einen wunderbaren Duft wahrnehmen, der unzähligen kleinen, polsterartig wachsenden Pflanzen mit rosaro-

ten Blüten entströmt: Thymian! Allerdings nicht dem Thymian, der in meinem Garten gedeiht, sondern der Wildform, die „Quendel" heißt (*Thymus pulegioides*). Die Autoren der Alpensüdseite erwähnen Letzteren als heilkräftiger, diejenigen der Nordseite den Thymian, den man im Garten anpflanzt. Darf ich so vermessen sein, zu behaupten, beide können zu Heilzwecken benützt werden? (In der Küche brauche ich sowohl den einen als auch den andern.) Und beim Studium der Literatur habe ich nebenbei noch erfahren, dass im „Kölnisch Wasser" Thymian enthalten ist. Während meiner ersten Jahre im Tessin hielt ich viele Kaninchen und verdiente mit dem Verkauf von Kaninchenfleisch meinen bescheidenen Lebensunterhalt. Mein Nachbar gab mir einen interessanten Tipp zu deren Ernährung: Will man Kaninchenfleisch, das wie dasjenige von wilden Hasen schmeckt, füttert man sie einen Monat vor der Schlachtung täglich mit einer Portion wildem Thymian. Ich stellte fest, dass die Tiere das sehr mögen. Das war mit ein Grund, um ihnen ihr kurzes Leben so angenehm wie möglich zu machen.

Thymian soll nicht nur Speisen würzen und gegen viele Krankheiten wirksam sein. Er war bei den Römern auch beliebt, weil er Mut verleihen sollte.

Man darf mich beneiden. Wegen des Kräuterdufts...

Zum Anbau

Einmal mehr: Thymian hat seine Heimat in den Mittelmeerländern. Und deshalb erfordert er ein warmes Klima, kalkarme, sandige Erde und wenig Feuchtigkeit. Im Winter gefriert mein Gartenboden manchmal – doch die Pflanzen in meinem Garten haben das bis jetzt heil überstanden. Im Frühjahr bekommen sie jeweils etwas Kompost. Sozusagen als Ostergeschenk. Wenn es blüht, schneidet man das Kraut an einem warmen Tag zur Mittagszeit, bindet es zu losen Sträußen und trocknet es an einem luftigen, schattigen Ort. Dann werden die Blätter abgestreift und in Schraubdeckelgläsern dunkel, kühl und trocken aufbewahrt.

Thymian in der Naturheilkunde

Tee: 1 Esslöffel frischen oder 1 Teelöffel getrockneten Thymian mit 1 Tasse kochendem Wasser überbrühen, 5 Minuten ziehen lassen, abseihen.

2 bis 3 Tassen pro Tag schluckweise trinken bei

- Asthma
- Akne
- Blutarmut
- Keuchhusten (mit Zugabe von 1 Teelöffel Honig)
- Lungenentzündung
- Koliken des Magen-Darmkanals
- Nieren- und Blasenkrämpfen
- Menstruationsproblemen

Thymiandämpfe: in die Ohren oder in die Nasenwege geleitet

- stärken die Nerven von Ohren, Nase und Gehirn
- bewahren vor Ohnmachten und Schlaganfall

Auflage von Thymiankraut auf den Kopf gebunden

- anstelle einer Schlaftablette

Thymianbad: 50 g getrocknete Blätter in 1 l Wasser aufkochen, 10 Minuten ziehen lassen, abseihen, als Badezusatz in ein Bad geben bei

- chronischen Erkrankungen der Atemwege

REISSALAT

(für 4 Personen)

* *1 l Wasser*
* *1 Teelöffel Salz*
* *300 g italienischer Reis (Arborio)*
* *100 g Rohschinken, in feine Streifen geschnitten*
* *2 Esslöffel frischen oder 1 Teelöffel getrockneten Thymian*
* *6 Esslöffel Rahm*
* *2 Esslöffel Zitronensaft*
* *Salz und Pfeffer*
* *3 Zweige frischer Thymian*

Wasser und Salz aufkochen, den Reis einrieseln lassen, 18 Minuten auf kleinem Feuer zugedeckt kochen, abseihen, erkalten lassen. Alle Zutaten außer den Thymianzweigen zu einer Sauce vermengen, zum Reis geben, 1 Stunde ziehen lassen. Mit den Thymianzweigen garniert servieren.

Ich wünsche jedem, wenigstens einmal die blühenden Thymianpolster bei mir gesehen und gerochen zu haben.

GEMÜSE

Was mich am Gemüse am meisten freut? Ich weiß nicht, sind es die vielfältigen Farben, sind es die vielfältigen Formen, die mein Auge erfreuen, sind es die vielfältigen Geschmackserlebnisse, die ich ihnen verdanke? Die Überlegung, die ich schon bei den Kräutern anstellte: Wie arm wäre unsere Welt ohne Gemüse?
Und wie wunderbar werden wir doch damit beschenkt! Manchmal muss ich mich beherrschen, um nicht zu jauchzen, wenn ich über meinen Garten schaue ... oder einen wunderschönen Salatkopf ernten darf!

Gartengemüse

ARTISCHOCKE

Cynara scolymus

Die „klassischen" Lehrbücher über die auf der Alpennordseite gebräuchlichen Heilpflanzen behandeln die Artischocke sehr stiefmütterlich, das heißt, sie wird kaum erwähnt. Anders verhält es sich zum Beispiel bei den italienischen. Da werden die „Carciofi" gebührend gewürdigt, in Bezug auf deren Heilwirkung allerdings hauptsächlich die Blätter und Wurzeln.

Ich habe den Geschmack von Artischocken (also von distelartigen Pflanzen) doppelt kennen gelernt: Einmal als Kind. Aber eigentlich dürfte ich das nur unter der vorgehaltenen Hand erzählen, weil da eine andere Distelart, die Silberdistel (*Carlina acaulis*), eine geschützte Alpenpflanze, eine Rolle spielt. Mein Vater hat mich nämlich gelehrt, dass man Silberdistel-Blüten essen kann: Man entfernt die Blüten und Spreublätter des Blütenbodens und isst diesen roh oder gekocht. Das schmeckt haargenau gleich wie Artischockenböden! Bei mir war es allerdings umgekehrt: Artischocken schmecken genau gleich wie Silberdisteln. Und dass mein Vater dies wusste, kommt einmal mehr davon, dass er an einem Ort aufgewachsen ist, wo nur noch wenige Gemüsearten gedeihen. Im hochinteressanten Kräuterbuch von Bruno Vonarburg (siehe Literaturverzeichnis) werden auch die heilsamen Wirkungen der Silberdistel erwähnt. Es sind dieselben wie diejenigen der Artischocke. Eigentlich seltsam, dass noch niemand auf die Idee gekommen ist, in alpinen Gegenden Silberdisteln für den Verzehr oder als Medikament zu kultivieren. Möglicherweise hänge ich jetzt einem ähnlichen Gedankengang nach wie mein Pfarrer Künzle bei den Himbeeren (siehe Seite 96). Vielleicht liegt es daran, dass der Ertrag der Silberdisteln zu klein wäre.

Soeben lerne ich: „Die Artischocke ist keine Distelart, sondern – wie die Distel – ein Korbblütler." So oder so: schmecken tun die jungen Böden fein.

Zum Anbau

Ich habe es in einem Garten am Lago Maggiore versucht, Artischocken anzupflanzen. (Die Geschichte jenes Gartens findet sich in meinem Tessiner Tagebuch „Dies ist mein Tal", Müller Verlag, 1976.) Die Samen hatte ich damals von einem Freund, der in Südfrankreich lebt, erhalten. Ich säte sie im Frühbeet an – und siehe da, es gelang. Und der Ertrag war absolut erfreulich. Ich muss allerdings gestehen, dass es mir aufrichtig leid tat, die essbereiten Artischocken (die ja die Blütenknospe der Pflanze sind) abzuschneiden. Aufgeblüht waren sie so schön.

Artischocken in der Naturheilkunde

Die Verwendung von Artischocken in der Naturheilkunde hat für sparsame Hausfrauen wie mich einen Vorteil: Die heilkräftigsten Teile der Pflanze sind die Blätter und die Wurzeln (und damit können die Blütenknospen getrost in den Kochtopf oder in die Blumenvase wandern).

Tee aus Artischockenblättern: 80 g Blätter in 1 l Wasser 10 Minuten kochen, abseihen. 3 mal täglich vor dem Essen je 1 Schnapsgläslein davon trinken. Hilft bei

- Blutarmut
- Frühjahrsmüdigkeit
- Leberstörungen
- Gallensteinen (nur nach Rücksprache mit dem Arzt, es können Koliken ausgelöst werden)

Artischockenwein: 20 g frische Artischockenblätter in 1 l gutem Weißwein 5 Tage lang an der Sonne stehen lassen, abseihen. Hilft vor allem bei

- Harnverhalten

Unser Tigi hat alles unter Kontrolle!

ARTISCHOCKEN „TIVOLI"

(für 4 Personen)

- *2 l Wasser*
- *1 Teelöffel Salz*
- *8 Artischocken, die äußeren Blätter entfernt*
- *1 Esslöffel Olivenöl*
- *100 g Speckwürfel*
- *250 g Pilze, zum Beispiel Champignons, blättrig geschnitten*
- *1 Knoblauchzehe, gepresst*
- *Salz, Pfeffer*
- *8 kleine Scheiben Speck, fein geschnitten*
- *100 ml Brühe*
- *8 Petersilienzweige*

Wasser und Salz aufkochen, die Artischocken beigeben, 20 Minuten auf kleiner Flamme kochen, abseihen, auf ein Küchentuch stellen und trocknen lassen. Das Öl erhitzen, zuerst die Speckwürfel darin anbraten, dann Pilze und Knoblauch beigeben, durchdämpfen, würzen. Das „Gras" über den Artischockenböden entfernen, die Artischocken mit dem Speck-Pilz-Brei füllen, jeweils eine Speckscheibe obenauf legen, jede Artischocke mit einem Faden zusammenbinden. In eine gefettete Auflaufform stellen, die Brühe dazu gießen, im auf 200 °C vorgeheizten Ofen etwa $^1/_4$ Stunde gratinieren. Mit der Petersilie dekoriert servieren.

BROKKOLI

Brassica oleracea convar. *botrytis* var. *italica*

Brokkoli kannten die Großmütter hierzulande noch nicht. Sonst wäre ihm ein Platz in den Büchern über Heilkräuter gewiss gewesen. Aber in italienischen Büchern auch älteren Datums habe ich Hinweise gefunden, die uns nützlich sein können, weil heutzutage Brokkoli auch auf der Alpennordseite bekannt geworden ist.

Zum Anbau

Als Gärtnerin mag ich Brokkoli besonders gern. Diese dankbare Pflanze bringt bis zum Herbst immer wieder Blütenknospen hervor, die dann unseren Mittagstisch ergänzen. Wie habe ich mich doch geärgert, als eine neue Mitarbeiterin die ersten Brokkoli erntete, indem sie sie mitsamt dem Stiel bodeneben abschnitt! In solchen Fällen möchte ich manchmal das Rumpelstilzchen sein und mich vor Wut in der Luft zerreißen!!!

Wir säen Brokkoli im Frühbeet Mitte April an und dünnen die Sämlinge dann auf etwa 8 cm aus. Die überzähligen Pflänzchen können pikiert werden. Ab Mitte Mai pflanzen wir sie dann aus im mit Kompost gedüngtem Boden – genau wie die andern Kohlarten auch. Nach meinen Erfahrungen ist Brokkoli weniger anfällig für Kohlweißlinge als andere Kohlarten. Ein Grund mehr, ihn anzubauen.

Auf der Alpen-Nordseite kennt man dieses Gemüse erst seit etwa zwanzig Jahren – und dabei haben den Brokkoli schon die Etrusker gegessen!

Brokkoli ist nicht nur ein gesundes Gemüse, das wir auf alle möglichen Arten kochen können. Die äußeren Röschen sind auch roh genießbar, was man aber mit dem (sehr wohlschmeckenden) Strunk nicht tun soll, da er Stoffe enthält, die blähen können.

Brokkoli in der Naturheilkunde

Ich werde den Tipp auf der nächsen Seite beherzigen. Nicht nur wegen der therapeutischen Wirkung – auch weil ich neugierig bin, wie die Sprossen schmecken.

In der italienischen Literatur finde ich auch eine Empfehlung, dass Frauen mit Menstruationsschmerzen viel Brokkoli essen sollen.

GEDÜNSTETER BROKKOLI

- *2 Esslöffel Olivenöl*
- *1 Zwiebel, fein gehackt*
- *1 Knoblauchzehe, gepresst*
- *2 Esslöffel Petersilie, fein gehackt*
- *800 g Brokkoli-Röschen und -Strunke, zerteilt*
- *$^1/_4$ l Gemüsebrühe*
- *Salz, Pfeffer*
- *4 Esslöffel Rahm*
- *einige Brokkoli-Blätter, fein zerschnitten*

Das Öl erhitzen, Zwiebel, Knoblauch und Petersilie darin einige Minuten dämpfen. Den Brokkoli beigeben, durchdämpfen, mit der Brühe ablöschen, würzen, 20 Minuten köcheln lassen. Den Rahm beigeben, nochmals aufkochen, mit den Brokkoli-Blättern garniert servieren.

FELDSALAT

Valerianella locusta

Erstaunlich: Ich habe eine stattliche Bibliothek alter Kräuterbücher zur Hand – nirgends finde ich den Feldsalat als Heilmittel. Und dabei ist er doch eines der wenigen

„Kräuter“, die sich auch während der Wintermonate ernten – und damit frisch verzehren – lassen und die so als wertvoller Vitaminspender mithelfen, einer Grippe oder Erkältung vorzubeugen.
Wenn Feldsalat auch nicht würdig war, als Heilmittel betrachtet zu werden, so war er es umso mehr, um die verschiedensten Bezeichnungen zu bekommen. „Feldsalat“ – das habe ich mittlerweile gelernt – ist unser schweizerischer „Nüsslisalat“. Im Badischen hat er einen ganz besonders netten Namen: „Sunnewirbelisalat“. „Sonnenwirbelchen“ – liebevoller geht es nicht mehr. Und dann wären noch die Bezeichnungen „Ackersalat“, „Wintersalat“ zu erwähnen. Und während ich das schreibe, beschließe ich, das Märchen der Gebrüder Grimm vom Rapunzel (so heißt der Feldsalat auch noch) wieder einmal zu lesen.

Zum Anbau

Wir säen den Feldsalat ab Mitte Juli entweder breitwürfig auf ganz abgeerntete Beete oder als Zwischensaat in Rillen, dort wo er eben Platz hat. Er stellt – außer dass er eine Sonnenlage verlangt – keine Ansprüche und die Schnecken verschonen ihn auch.

Feldsalat in der Naturheilkunde

Mir ist nur eine einzige Anwendungsform bekannt: Eben – als Salat, von dem man in den Wintermonaten gar nicht genug essen kann. Er hilft

- zur Grippe-Vorbeugung
- bei Stresszuständen
- Schlaflosigkeit
- nervlichen Belastungen
- Blutarmut
- extremen körperlichen Belastungen
- rauer, trockener Haut
- trockenen Nasen-Schleimhäuten
- gesprungenen Lippen

Kathrins Tipp

In der neueren Literatur wird Brokkoli auch als Krebshemmer empfohlen. Man soll im Keimgerät Brokkolisamen drei Tage lang keimen lassen und diese dann täglich frisch aufs Butterbrot, über einen Blattsalat oder in die Suppe gestreut essen. Das sei der beste Schutz vor Krebsbildung.

Extra-Vitamin-Salat-Sauce für Feldsalat

- *200 g Feldsalat*
- *2 Esslöffel Zitronensaft*
- *3 Esslöffel Rahm oder Joghurt*
- *Salz, Pfeffer*
- *1 Bund Petersilie, fein gehackt*
- *1 Handvoll Brunnen- oder Gartenkresse*
- *2 Scheiben Toastbrot, fein gewürfelt*
- *3 Esslöffel Soja- oder Brokkolisprossen*

Den Salat in eine Schüssel geben. Zitronensaft, Rahm oder Joghurt miteinander verrühren, würzen, mit der Petersilie und der Kresse

Eigentlich schade, diese hübschen Pflanzenbüschel zu essen. Aber versuchen Sie es einmal, die Sauce zum Feldsalat mit Himbeeressig und Walnussöl anzumachen ...

Liseli und Maxli prüfen die Glyzine auf der Terrasse.

vermengen. Diese Sauce über den Salat geben, gut mischen. Das Toastbrot in einer Bratpfanne hellbraun rösten, über den Salat streuen, schließlich alles noch mit den Sprossen belegen.

FENCHEL

Foeniculum vulgare

Beim Fenchel ist es ähnlich wie beim Anis: Entweder mag man ihn sehr – oder überhaupt nicht. Ich gehöre zu denjenigen, die ihn sehr mögen. Seien es nun die Knolle oder die Wurzel, seien es die Samen.

Zum Anbau

Fenchel hat meine tiefe Sympathie. Während ich das schreibe, wundere ich mich über mich selbst: Wieso ist es mir noch nie eingefallen, Fenchel in meinem Garten anzubauen? Eines meiner gescheiten Gartenbücher sagt mir, wie das geht: Bis zum Herbst muss ich mich nun gedulden. Fenchelsamen werden im Herbst reif. Deshalb kann ich ihn auch erst dann säen. Fenchel ist zweijährig, das heißt, meine Lust auf eigenes Fenchel-Gemüse muss ich noch sehr zähmen.

Fenchel hat seine Heimat in Südeuropa. Er braucht also einen sonnigen Platz im Garten – am liebsten in sandiger Erde.

Fenchelsamen in der Naturheilkunde

Tee: 1 Teelöffel zerstoßene Fenchelsamen (von Bitterem Fenchel, *Foeniculum vulgare* ssp. *vulgare* var. *vulgare*), mit einer Tasse kochendem Wasser übergossen, geben einen Trank, den ich – auch ohne krank zu sein – zur Durststillung gerne genieße. In Maßen getrunken kann er aber heilend wirken bei

- Bronchitis, Husten, Halsweh (zum Gurgeln!)
- Heiserkeit
- Keuchhusten und Bronchialasthma (dann mischt man ihn mit Honig)
- Verdauungsstörungen wie Blähungen, Völlegefühl
- Magenkrämpfen, auch bei Säuglingen
- fördert die Milchsekretion stillender Mütter
- Umschläge lindern Augenleiden

Den Tee kann man auch mit Milch mischen und dieses Getränk Säuglingen verabreichen, wenn sie zu wenig Muttermilch bekommen können.

Fenchelwein: Die Wurzeln in Rotwein sieden. Diesen Wein schluckweise trinken. Hilft als

- Stärkungsmittel bei älteren Menschen
- altersbedingten Schwierigkeiten der Verdauungsfunktion

Bei dieser Fenchelblüte ist es wie bei manchen Menschen: Hinter Zartem kann geballte Kraft stecken!

„Steine wärmen den Boden“. Und Fenchelpflanzen mögen das sehr.

FENCHELKNOLLEN-SALAT

(vom Gemüsefenchel, *Foeniculum vulgare* ssp. *vulgare* var. *azonium*)

- *2 Fenchelknollen, in feine Streifen zerschnitten, die Keimblätter beiseite legen*

Sauce:

- *100 g Gorgonzola-Käse, mit der Gabel fein zerdrückt*
- *1 Becher Yoghurt*
- *2 Esslöffel Rahm*
- *2 Esslöffel Zitronensaft*

Salz, Pfeffer

- *1 Teelöffel Fenchelsamen*
- *die Keimblätter, fein gehackt*

Diese Zutaten ohne die Keimblätter miteinander zu einer homogenen Sauce rühren, über die Fenchelstreifen geben, gut vermengen, 2 Stunden ziehen lassen.
Mit den Keimblättchen garniert servieren.

GURKE

Cucumis sativus

Bei der Verwendung der Gurke in unseren Küchen haben sich im Laufe der Jahrzehnte verschiedene Fehler eingeschlichen: Wir pflegen die Gurken zu essen, wenn sie noch schön grün und damit unreif sind. Wir werfen die Kerne weg (eben: weil die Früchte noch unreif sind), wir pressen die Gurken aus und werfen den Gurkensaft auch wieder weg. Und dabei wären gerade die (reifen!) Kerne und der Saft der reifen Gurke die heilkräftigsten Pflanzenteile.

Ich habe es unterdessen ausprobiert: gepflückte Gurken reifen in der Sonne nach und werden gelb!

Aber – so frage ich mich – woran erkenne ich denn, dass eine Gurke reif ist? Eines meiner Lieblings-Kräuterbücher (Willfort) gibt mir da genaue Auskunft: Gurken sind reif, wenn sich deren Schalen gelb zu färben beginnen. So. Jetzt weiß ich es! Glücklicher Mensch, der ich bin, habe ich ja einen Garten, in dem Gurken wachsen und also so lange da bleiben dürfen, bis sie gelb werden.
Aber was tun alle jenen armen Hausfrauen, die ihre Gurken kaufen müssen? Diejenigen, die sie auf dem Bauernmarkt kaufen, sind da im Vorteil: Sie können ja den Bauern bitten, die Gurken erst zu ernten, wenn sie – eben – gelb werden.
Und die Käuferinnen im Supermarkt? Haben die dort überhaupt schon einmal eine gelb werdende Gurke gesehen?
Und im Winter? Da kaufe ich schon seit Jahren aus Prinzip keine Gurken! Da ist weder Sonnenkraft noch frische Luft, noch Erde, noch Kompost drin. Nur Heizölwärme, künstliches Licht, künstlicher Dünger – und womöglich sind sie nicht einmal in richtiger Erde gewachsen. Solche brauche ich nicht. Da verzichte ich dann eben auf den Gurkensalat, bis ich wieder meine eigenen (reifen!!) ernten kann. Punkt. Entschuldigung: Jetzt habe ich mich regelrecht ereifert ...

Zum Anbau

Ich lege die Kerne nach den Eisheiligen auf einen ganz sonnigen Platz neben dem Komposthaufen. Manchmal stecke ich einen Haselstock dazu und ziehe die Gurkenpflanze daran hoch. Das hat den Vorteil, dass ich auf weniger Fläche mehr Gurken pflanzen kann. Eine meiner Nachbarinnen hat mir auch geraten, die Gurken eintriebig zu ziehen – so wie die Tomaten. Vielleicht bin ich zu sentimental – aber ich lasse Pflanzen lieber so wachsen, wie es ihnen behagt. Allerdings – oft sieht mein Garten dann eben etwas verwil-

dert aus. In eine Gegend, die an sich so wild ist wie diejenige, wo mein Garten und ich sind, passt das aber besser.
In der Nachbarschaft der Gurken säe ich Dill. Das ist einerseits praktisch, wenn das benötigte Würzkraut für die Gurken in der Nähe der Pflanzen ist. Andererseits mögen Dill und Gurken sich auch in der Natur. Nicht nur in der Salatschüssel!
Außerdem mögen beide denselben gut gedüngten Boden und viel Wasser.

Gurke in der Naturheilkunde

- die Gurke löst Harnsäure. Das heißt, dass Herz-, Nieren- und Arthrosekranke oft davon essen sollen. Nieren- und Blasensteine, wenn diese aus Harnsäure bestehen, werden bei regelmäßigem Gurkengenuss nicht mehr größer
- chronische Verstopfung wird ebenfalls durch Gurkensalat günstig beeinflusst
- frischer Gurkensaft entschlackt, entgiftet und reinigt somit das Blut. Man nimmt ihn über den Tag verteilt schluckweise ein
- Gurkensaft oder -Salat lindert Wechseljahresbeschwerden
- Gurkensalat oder -Gemüse ist sehr kalorienarm. Beides ist also allen zu empfehlen, die abnehmen wollen oder müssen, auch Zuckerkranken
- Gurkensaft, einerseits getrunken, andererseits äußerlich angewendet, heilt Hautkrankheiten: Pickel, Mitesser, Flechten, Sommersprossen, auch Brandwunden und wundgelegene Stellen bei Bettlägerigen
- Gurkenscheiben, auf die Gesichtshaut aufgelegt, straffen diese und lassen Falten verschwinden
- Gurkensaft, als Kompresse auf die Augen gelegt, stärkt diese und lindert den Schmerz bei geröteten und überanstrengten Augen

Kathrins Tipp

Was man beim Genuss von Gurkensalat beachten soll:

- *Nur reife Gurken verzehren (siehe oben). Unreife Gurken können zu Verdauungsstörungen (zum Beispiel saurem Aufstoßen oder Blähungen) führen*
- *Gurkensalat nur frisch zubereitet verzehren. Er darf keinesfalls kalt sein!*
- *Gleichzeitiger Genuss von gesalzenen Gurken und viel Flüssigkeit (vor allem von kohlesäurehaltigen Getränken) kann Darmkoliken verursachen.*

Ich lerne: „Römische Gärtner legten Gurkensamen vor dem Pflanzen in mit Honig gesüßten Wein, um süßere Gurken zu produzieren. Ob ich das versuchen soll?

GURKENSALAT

- *600 g Gurke, mitsamt den Kernen in Scheiben geschnitten oder grob gerieben*
- *150 ml Rahm oder Sauerrahm oder halb Milch halb Rahm*
- *2 bis 3 Esslöffel Zitronensaft*
- *Salz, Pfeffer*
- *2 bis 3 Esslöffel Dillkraut, grob zerschnitten*

Die Gurkenschnitzel in eine Schüssel geben, die restlichen Zutaten zu einer Sauce rühren, über die Gurken gießen. Gut mischen, 1/4 Stunde ziehen lassen (aber nicht kalt stellen!).

HÜLSENFRÜCHTE – BOHNEN (PHASEOLUS), *ERBSEN* (PISUM) *UND LINSEN* (LENS)

Wenn der Herr Pfarrer Künzle in unserer Zeit leben würde, hätte auch er die heute wichtigste Eigenschaft der Hülsenfrüchte an erster Stelle beschrieben.
Hülsenfrüchte sind die allerbeste Nahrung für gestresste Menschen (Manager, Leistungssportler)! Sie enthalten all jene Stoffe, die geistig und körperlich auf Hochtouren getriebene Menschen benötigen.
Wir lesen immer von Frühjahrskuren und denken da automatisch an Frischgemüse und Salate. Dass auch getrocknete Gemüse, wie es die Hülsenfrüchte im Frühjahr ja sein sollten (es sei denn, man kaufe grüne Bohnen aus Kenia), wichtige Frühlings-Fitmacher wären, beachtet man kaum. Vielleicht hat das mit den schlechten Erfahrungen zu tun, die man macht, wenn man Erbsen und Bohnen nicht lange genug einweicht, sie mit dem Einweichwasser kocht oder gekochte Hülsenfrüchte aufgewärmt serviert (wobei sie dann – zugegebenermaßen – noch viel besser schmecken): Dann können sie nämlich blähen! Und zwar so, dass einem ihr Genuss gründlich verdorben werden kann. In der Bündner Bohnen- und Gerstensuppe sind auch getrocknete Bohnen enthalten. Ich habe als Kind gelernt, dass man diese Suppe auch „Musigmögglisuppa“ (Musikbröckchensuppe) nennt. Keiner frage, weshalb!

Zum Anbau

Jedes Jahr gibt es ein Problem(chen) in meinem Garten: Was setzen wir – Saubohnen, Stangenbohnen, Feuerbohnen oder Buschbohnen oder Erbsen oder Zuckererbsen? Die einen meiner Helfer sind für diese, die andern mehr für die andere Art – und – ich weiß das längst – schließlich pflanzen wir sowohl Bohnen aller Art plus natürlich Erbsen und Zuckererbsen. Saubohnen haben den Vorteil, dass man sie schon im frühen Frühjahr legen und entsprechend früher ernten kann („aber nur so tief legen, dass sie noch die Kirchenglocken hören können und nur bei zunehmendem Mond“ – das war wieder einmal der mahnende Zeigefinger meiner Großmutter, die – wie immer – uns von Wolke acht aus kontrolliert!).

Jemand hat diese Erbsen viel zu dicht gesät. Aber die Ernte scheint trotzdem vielversprechend zu werden.

Feuerbohnen sehen mit ihren korallenroten Blüten, am Gitterzaun emporrankend, so dekorativ aus.
Die Folge unserer Bohnenpflanzerei ist Platzmangel im Lager – wie könnte es anders sein – Saubohnen, Stangenbohnen, Buschbohnen, Feuerbohnen, Erbsen, Zuckererbsen, die als Wintervorrat einen gewaltigen Platz in unserem Tiefkühler einnehmen. Wobei wir noch viel mehr Platz bräuchten, würde ich nicht das Rezept für die allerfeinste Verwendung von Stangenbohnen kennen: Gedörrte Bohnen! Die werden in Leinensäckchen, an einem trockenen, kühlen Ort aufgehängt, aufbewahrt.
Das genaue Rezept ist am Ende dieser Pflanzenbeschreibung nachzulesen. Und wer sie dann so kocht und wem sie dann so schmecken wie mir, der ist höflich gebeten, mir eine Postkarte zu senden!
Dazu kommt noch das Wissen, dass getrocknete Bohnenhülsen am meisten Heilkraft besitzen.
Und was auch zum Anbau-Kapitel gehört: Sämtliche abgeernteten Reste der Bohnenpflanze, also die Wurzeln, Stängel und Blätter werden gleich wieder untergegraben. Die Knöllchenbakterien, die an den Wurzeln sitzen, binden den Stickstoff der Luft und dieser wiederum hilft mit, den Boden zu düngen.

Die Blüten der Feuerbohne: Essbare Dekoration im wahrsten Sinne des Wortes!

Hülsenfrüchte in der Naturheilkunde

Bohnenblüten als Tee: 1 Teelöffel getrocknete Blüten mit 1 Tasse kochendem Wasser übergießen, abseihen. 2 bis 3 Tassen täglich trinken bei

- Rheuma und Gicht
- Zuckerkrankheit (unterstützend bei ärztlicher Kontrolle)
- Wassersucht

Frische Bohnen
Während der Erntezeit sollte man sie mindestens einmal pro Woche auf den Tisch bringen. Es gibt ja so viele verschiedene Rezepte für deren Zubereitung. Regelmäßig gegessen, sind sie

- Insulin sparend bei Diabetes

Tee aus getrockneten Bohnenschalen: 1 Handvoll mit 1/2 l Wasser übergießen, 1/2 Stunde kochen (Pfarrer Künzle schreibt 2 bis 3 Stunden vor), abseihen, schluckweise während des Tages trinken bei

- Diabetes (unterstützend bei ärztlicher Kontrolle)
- Rheumatismus
- bei Arthrose (unterbindet Harnsäureablagerung)
- Ischias
- Nieren- und Blasenleiden
- Grieß- und Steinbildung in den Nieren
- Wassersucht

„Bohnensegen": Wenn ich das bloß malen könnte!

Bohnenschalenmehl: Wir verwenden die ganzen, wie unten beschrieben getrockneten Bohnen, die zerkleinert werden. Bohnenschalenmehl ist auch in der Apotheke erhältlich.

- Bei nässenden Ekzemen, Hautjucken und -Ausschlägen das Mehl auftragen und einen leichten Verband darüber anbringen. Alle 2 bis 3 Stunden erneuern.

Erbsenmehl: gleich wie Bohnenschalenmehl. Mit Wasser einen Breiumschlag auflegen.

Linsen in Wasser weich kochen. Die Brühe mit Honig süßen

- mit Olivenöl vermischt zur Förderung des Stuhlgangs

Linsenbrei in Essig gekochte Linsen, zu Brei zerdrückt als Breiumschlag aufgetragen

- bei Ekzemen und Geschwulsten

Gedörrte Bohnen

Ich weiß, ich wiederhole mich, aber ich werde es nicht müde, dieses offenbar nur in der Schweiz bekannte Rezept immer wieder zu verkünden. Gedörrte Bohnen (aus denen man das oben erwähnte Bohnenschalenmehl machen kann) schmecken für meinen Begriff besser als frische Bohnen, brauchen zur Aufbewahrung ein Minimum an Platz – und ich habe noch nie jemanden angetroffen, dem sie nicht sehr schmeckten:

Die geputzten Bohnen 5 Minuten in Salzwasser blanchieren, auf ein Backblech geben und im auf 50 °C eingestellten Backofen (Backofentüre mittels eines eingeklemmten Kochlöffelstiels so lange dörren, bis sie beim Zerbrechen knacken (etwa 8 Stunden). In einem Stoffsack an einem dunklen, trockenen, kühlen Ort aufbewahren. Faustregel: 100 g dürre Bohnen = 1 kg frische Bohnen. Vor Gebrauch über Nacht in lauwarmem Wasser einweichen. Dann kochen wie frisches Gemüse. Eignen sich auch für Bohnensalat.

KAROTTE

Daucus carota

„Rüebli git schöni Büebli – Karotten geben schöne Bübchen". Damit hat meine Mutter versucht, meinem kleinen Bruder Karotten schmackhaft zu machen, die er auf Verordnung meiner Großmutter essen sollte, weil er ständig hustete und fieberte. Aber alles nützte nichts. Der Trotzkopf („Steckgrind", sagte Mama) wollte seinen Karottenbrei nicht essen. Da griff sie zu einer List: Er bekam Karottensaft, verabreicht im Schoppenfläschchen. Und die liebe ältere Schwester des Trotzkopfs hatte von Stund an die schöne Aufgabe, täglich etwa ein Pfund Karotten zu schälen, fein zu reiben und durch eine Art Kartof-

Erster Gedanke beim Anblick einer Karotte: „Rüebli git schöni Büebli" …

felpresse zu drücken. Ich muss gestehen, ich stahl auch von diesem Saft. Frisch gepresster Karottensaft schmeckt nämlich ganz, ganz fein! Heute kann man ihn auch im Reformhaus fixfertig kaufen.

Zum Anbau

Wir säen Karotten auf Böden, die letztes Frühjahr frisch gedüngt worden sind, und zwar immer in Mischkultur mit Zwiebeln. Eine Saatreihe Karotten, eine Saatreihe Zwiebeln (das schreibe ich so genau, weil uninteressierte Gärtnerinnen bei mir „Mischkultur" so verstanden, dass sie im ersten und dritten Beet Karotten ansäten, im zweiten und vierten Beet Zwiebeln steckten). Ich wähle auch Beete aus, in denen es wenig Steine, lockere, also sandige Erde hat und die in der vollen Sonne liegen. Was mir immer leid tut: Die Saatreihen müssen pikiert werden, damit die einzelnen Pflänzchen genug Platz haben.

Karotte in der Naturheilkunde

Karottenbrei: 500 g Karotten (natürlich geschält). Zerschnitten mit 200 ml Wasser weich kochen, durch ein Sieb treiben, $^1/_2$ l Hühner- oder Gemüsebrühe beigeben. Hilft bei

- Magen- und Darmerkrankungen
- Infektionskrankheiten, auch bei Säuglingen

Karottensaft: Die geschälten Karotten fein reiben, den Saft mittels einer Presse ausdrücken. Oder besser: Eine moderne Saftpresse verwenden. Hilft bei

- Sodbrennen
- Nierenerkrankungen
- Fettleibigkeit (entwässert)
- Hauterkrankungen
- Verstopfung
- Erkältung (stärkt das Immunsystem)
- starker geistiger Beanspruchung
- Wurmbefall

KATHRINS TIPP

Was man wissen muss, wenn man viele Karotten isst: Es kann vorkommen, dass im Gesicht, besonders um Wangen, Ohren, Augen und Nase eine Gelbfärbung auftritt, die man als Gelbsucht deuten könnte. Sie verschwindet aber sofort, wenn man die Ernährung mit Karotten für eine Weile unterlässt.

In der Küche

Das nachfolgende Rezept stammt aus dem von mir sehr geschätzten Buch von R. Willfort (siehe Literaturverzeichnis). Es schmeckt nicht nur gut, sondern hat bei mir auch den erwünschten Effekt gezeigt: Es stärkt das Denk- und das geistige Leitungsvermögen.

OSLO-FRÜHSTÜCK

(pro Person)

- *3 Esslöffel grobe Haferflocken*
- *6 Esslöffel Milch*

... und wie ich als Kind für mein kleines Brüderchen die tägliche Qual der Karottensaftherstellung auf mich nahm. Hier sieht man wie das ging. Die Presse ist immer noch dieselbe ...

* *1 Karotte, geschält, fein gerieben*
* *1 bis 2 Esslöffel Rohzucker oder Honig*

Die Haferflocken über Nacht mit der Milch einweichen, die Karotte und den Honig darunter mischen. Das mögen nicht nur Kinder! (Und eigentlich ist es so eine Art Cousinchen des Birchermüesli, siehe Seite 120.)

Mein Haus unten links, daneben und darüber die Ställe meiner Nachbarn. Zufriedene, winzig kleine Welt.

KARTOFFEL

Solanum tuberosum

Ich möchte es jedem Stadtkind gönnen, mindestens einmal die Anpflanzung von Kartoffeln, die Pflege des Ackers während des Sommers und dann die Kartoffelernte zu erleben! Da legst du eine Knolle in die vorbereitete Furche, deckst sie zu. Das ist auch eine Art Andacht. Dann wird der Acker gejätet, die sprießenden Pflanzen werden angehäufelt, die Reihen wieder gejätet. Das ist wie wenn eine Mutter von Zeit zu Zeit ihr schlafendes Kind zudeckt.

Und schließlich darf man dann ernten. Aus einer Knolle sind fünf oder sechs oder sieben geworden. Das ist wie Gold graben!

Ich wenigstens denke dann darüber nach, dass all meine Mühe, mein Schweiß nichts genutzt hätte, wäre da nicht eine höhere Macht über meiner ganzen kleinen Welt, die – eben – dafür gesorgt hat, dass aus einer einzigen Kartoffel viele geworden sind. Diese höhere Macht, die ich dann „Natur“, „Schöpfung“ oder „Gott“ nennen darf. Wenn ich dann weiter sinniere, während sich der Korb mit den gegrabenen Kartoffeln füllt, komme ich – muss ich zum Schluss kommen, dass hinter der „Natur“ eben der liebe Gott stecken muss, der diese Natur so wunderbar eingerichtet hat. Und am Ende dieses Gedankenganges wird dann die Feststellung sein, dass auch ich zu dieser Natur gehöre. Dass es Gott war, der genau mich an genau diesen Platz geschickt hat und dass ich – und das ist das schönste daran – in seinen Händen geborgen bin. Mir wird nichts mangeln …

So kann die Arbeit im Kartoffelacker Menschen nachdenklich, gläubig und dankbar machen …

…und zuletzt, zur Belohnung, steht eine Schüssel dampfender Kartoffeln auf dem Tisch.

Und damit sind wir wieder bei den Realitäten des Alltags: Ganz am Anfang meines Tessiner Gärtnerlebens – vor dem Anbau anderer Gemüse – lag das Pflanzen von Kartoffeln in einem eigenhändig gerodeten Ackerstück.

Zum Anbau

Die Meinungen, welche Erde nun die beste sei für den Kartoffelanbau, gehen gewaltig auseinander. Ich kann nur über meine eigene Erfahrung reden: Mein Boden ist sandig, kalkarm, teilweise sehr mit Steinen durchsetzt. Ein neu zugekaufter Gartenteil wurde während eines Sommers von einem Schwein bewohnt, das die vormalige Wiese so zerwühlte, dass sie wie ein Acker umgepflügt war. Auf dem setzten wir dann im darauf folgenden Jahr Kartoffeln, die wunderbar gediehen. Alle meine Nachbarn sind der Ansicht, die Kartoffelernte wäre nie so ausgiebig wie in frisch aufgebrochener Erde. Und ich muss ihnen recht geben.

Ich habe Kartoffeln auch schon während etlicher Jahre auf dem gleichen Acker gepflanzt, ohne dass mir dann ein großer Unterschied im Ertrag (abgesehen vom Wetter bedingten) aufgefallen wäre. Aber mir scheint, dass dort, wo im Vorjahr oder in zwei, drei Vorjahren Kartoffeln gepflanzt worden sind, der Ertrag anderer Gemüse besser ist, immer vorausgesetzt natürlich, dass die Erde entsprechend gedüngt worden ist.

Kartoffel in der Naturheilkunde

Bei der Beschreibung der Kartoffel als Heilmittel fallen mir bei den einzelnen Autoren Unterschiede auf. Pfarrer Künzle erwähnt sie vor allem im Zusammenhang mit äußerlichen Anwendungen.

Auflagen von rohen, zerschnittenen Kartoffeln

- stillen Entzündung und Brand im Kopf, auf der Brust und in den Gliedern

Ein Kartoffelbeet: Das Auge freut sich jetzt, der Magen tut es später.

- bei Hirnentzündung mache man dem Kranken Auflagen von rohen, geschabten Kartoffeln auf die Stirn und auf die Fußsohlen
- erste Hilfe bei Verbrennungen: Einen Brei aus rohen, geriebenen Kartoffeln auflegen
- auf Geschwüre macht man Auflagen mit rohen, zerquetschten Kartoffeln, die man so stark erwärmt hat, dass es der Kranke noch ertragen kann

Gekochte Kartoffeln

- sind ein Mittel, um harte, kantige Gegenstände oder Fischgräten, die in die Atmungswege geraten sind, zu entfernen. Durch die breiigen Kartoffelmassen werden diese Fremdkörper eingehüllt und dadurch die Schleimhäute vor Verletzungen durch Kanten und Spitzen bewahrt.

Wenn ich nun aber bei Willfort nachschlage, finde ich eine beachtliche Liste von Krankheiten, die durch die Einnahme von Kartoffeln günstig beeinflusst oder gar geheilt werden können. Da ist zum Beispiel der Kartoffelsaft, den man auf die gleiche Weise gewinnt wie den Karottensaft.

Ich sag's ja immer: „Kartoffeln graben ist genau gleich wie Gold graben“.

Der Kartoffelsaft lindert

- Magenschmerzen, auch Magenkrämpfe
- Sodbrennen

Kartoffelbrei, kurmäßig eingenommen, hilft bei

- Vitamin-C-Mangelerscheinungen (Skorbut)
- Herzbeschwerden
- Magenerkrankungen
- Sodbrennen

Kathrins Tipp

Wichtig: Zur Gewinnung von Kartoffelsaft darf man nur Kartoffeln verwenden, die noch nicht keimen. Eventuelle grüne Teile der Kartoffel muss man immer (also auch wenn sie gekocht werden) großzügig wegschneiden (Letztere entstehen, wenn eine Kartoffelknolle im Acker dem Licht ausgesetzt war). Das Gleiche gilt für Kartoffelkeime. Diese wie die grünen Kartoffelteile enthalten das giftige Solanin! Übrigens: Kartoffelsaft kann man heute auch im Reformhaus kaufen.

- Darmentzündungen
- chronischer Verstopfung
- Nierenerkrankungen

Ist geeignet für

- Mastkuren (weil man ihn auf mannigfaltige Art mit Fetten anreichern kann und er so auch bei täglicher Einnahme dem Patienten nicht verleidet)

In der Küche

Was die Hausfrau für die Verwendung in der Küche wissen muss:

- Frittierte Kartoffeln (also Pommes Frites und Chips) enthalten am meisten Vitamin C
- ungeschälte Kartoffeln (Frühkartoffeln) sollte man nur essen, wenn man genau weiß, woher sie stammen, das heißt, ob sie nicht irgendwie chemisch behandelt worden sind
- Kartoffeln enthalten praktisch kein Kochsalz. Das heißt, man muss die Salzzugabe im Vergleich zu anderen Lebensmitteln etwas erhöhen. Andererseits sind sie gerade deshalb ideal für salzlose Diät

KARTOFFELBROT

- *1 kg Vollkornmehl (ich nehme frisch gemahlenen Dinkel)*
- *1 Hefewürfel*
- *100 ml Wasser*
- *56 g Salz*
- *2 Esslöffel Kümmel*
- *1 kg Kartoffeln*
- *etwa $^{3}/_{4}$ l Wasser*
- *etwa 50 g Mehl Typ 1050 (In der Schweiz: Ruchmehl)*

Das Vollkornmehl in eine Teigschüssel sieben, in der Mitte eine Vertiefung machen, die Hefe im Wasser auflösen, in die Mehl-Vertiefung geben, etwas Mehl dazurühren. Salz und Kümmel dem Schüsselrand entlang dar-

über streuen. An einem warmen Ort stehen lassen. Währenddessen die ungeschälten Kartoffeln mit kaltem Wasser bedecken und weich kochen. Etwas auskühlen lassen. Schälen und auf der Röstiraffel zerkleinern. Zuerst mit dem Teigschaber, dann von Hand die Zutaten miteinander vermengen und nach und nach das Wasser unterarbeiten. Es entsteht ein klebriger Teig. Man formt ihn zu einer Kugel und lässt ihn, mit einem feuchten Küchentuch bedeckt, 2 Stunden an einem warmen Ort gehen.
Der Teig wird in vier Teile geteilt und jeder Teil auf dem mit Mehl (Typ 1050) bestäubten Küchentisch gut durchgeknetet. Man füllt ihn in mit Öl ausgepinselte Kastenformen oder mit Mehl ausgestäubte Gärkörbe und lässt ihn nochmals $^{1}/_{2}$ Stunde gehen. Backofen auf 200 °C vorheizen. Falls man den Teig in Gärkörben vorbereitet hat, stürzt man ihn auf zwei gefettete Backbleche, die Kastenformen stellt man auf Gittern in den heißen Ofen. 1 bis $1^{1}/_{4}$ Stunden backen. Auf einem Gitter auskühlen lassen.
Dinkel, Kartoffeln, Kümmel: Lauter gesunde Zutaten für ein exquisites Brot!

KOHL – WEISSKOHL

Brassica oleracea convar. *capitata*

So, und jetzt stehe ich sozusagen vor einem Dilemma: Über Kohl und all seine vielen Arten, seine vielen Heilwirkungen und die unzähligen Möglichkeiten, ihn zu kochen, gäbe es glatt so viel zu schreiben, dass ich – ohne viel Übertreibung – ein ganzes Buch füllen könnte!
Aber dann würde im vorliegenden Buch ein derart wichtiges Kapitel fehlen, dass ich mich hier kürzer fasse, als es mir eigentlich lieb wäre. Ausnahme: Brokkoli. Dem habe ich ein kleines Extra-Kapitel (siehe Seite 45) gewidmet.

KATHRINS TIPP

Ein Rezept aus Italien gegen Reisekrankheit, das ich in keinem Buch gefunden, von meiner Freundin Rita „einfach so" erhalten habe und das absolut gegen Reisekrankheit helfen soll: Eine rohe Kartoffel in der Tasche mittragen und bei auftretendem Schwindel oder bei Übelkeit in die Hand nehmen.
„Non è ben trovato – è vero!" sagt Rita. Die italienische, wörtliche Übersetzung wäre: „Das ist nicht erfunden. Es ist wahr!" Das ähnliche deutsche Sprichwort könnte sein: „Glauben macht selig." Hauptsache: Wenn es nützt.

Weißkohl soll von allen Kohlarten am meisten heilkräftige Wirkung haben. Nachstehend beschäftige ich mich deshalb ausschließlich mit ihm.

Zum Anbau

Kohl in all seinen vielfältigen Arten braucht gut gedüngten Boden, mäßige Feuchtigkeit und viel Sonne.
Was mich manchmal – das ist von Jahr zu Jahr verschieden – zur Verzweiflung bringen kann, sind die Raupen des Kohlweißlings. Die krabbelnden Biester jeden Abend mit einem Pinsel in ein Eimerchen zu fegen und dann mit kochendem Wasser zu übergießen, ist eine notwendige, keineswegs vergnügliche Arbeit. Ich tröste mich damit, dass diese und das Einsammeln von Nacktschnecken eigentlich die einzigen Gartenarbeiten sind, die ich nicht gerne mache.
Von Kohl soll es Hunderte von Sorten geben. Er hat gegenüber vielen andern Gemüsen noch einen Vorteil: Er läßt sich lange lagern, vorausgesetzt man hat einen kühlen, gut durchlüfteten Keller, wenn möglich mit Naturboden. So bleiben auch seine wertvollen Stoffe über Monate erhalten. Und dann gibt es ja noch die Möglichkeit, Kohl milchsauer einzumachen, also Sauerkraut herzustellen,

und dadurch seine heilenden Kräfte noch zu verstärken.

Bei Willfort lese ich: „Solange die alten Römer sich einfach ernährten, Kohl und ein Getreidebrei bildeten die Hauptbestandteile ihrer einfachen und gesunden Kost, waren sie Jahrhunderte lang ein tüchtiges, gesundes und starkes Volk. Die geschichtliche Entwicklung brachte den Römern Reichtum und damit ein ungesundes Wohlleben.“

Das kommt mir doch irgendwie sehr, sehr bekannt vor. Und wer daraus nicht seine Lehren zieht, ist selber schuld.

Kohl in der Naturheilkunde

Als Umschlag angewandt: Nachdem man die äußersten Deckblätter vom Kohlkopf entfernt hat, nimmt man einige frische Blätter, wäscht sie ab, entfernt eventuell zu starre und dicke Blattrippen, und legt sie zwischen zwei Tücher. Mit Hilfe einer Flasche oder eines Teigrollers zerquetscht man sie leicht, legt diesen Umschlag auf die zu behandelnde Körperstelle und fixiert das Ganze mit einem locker angelegten Verband.

So vielseitig – und so bescheiden ist der Weißkohl.

Wer die Gelegenheit hat, sollte den im Herbst geernteten Kohl in Sand einlagern. Damit bleibt Platz für Empfindlicheres in der Kühltruhe frei.

Es ist logisch, dass man bei offener Haut zuerst eine Wundreinigung vornehmen muss. Dazu eignet sich zum Beispiel frisch aufgebrühter und auf Körperwärme abgekühlter Kamillentee. Der Umschlag wird morgens und abends erneuert. Das kann helfen bei

- offenen Geschwüren
- schlecht verheilenden Wunden
- Verbrennungen
- Wundliegen
- Windpocken
- Röteln
- Milchschorf
- Gürtelrose
- Gesichts-Neuralgien
- Kopfschmerzen
- rheumatischen Schmerzen
- Gicht
- Darmentzündung
- Asthma
- Umlauf (hier umwickelt man die betroffenen Finger mit einem gequetschten Kohlblatt)
- Monatsschmerzen (Umschläge auf die Nierengegend und den Unterleib legen)

Es muss kaum betont werden, dass all diese Krankheiten auch eine entsprechend gesunde Ernährung erfordern. Äußerlich angewandte Medizin nützt nur, wenn der Körper auch innerlich nicht durch Ungesundes belastet wird.

Kohlsaft-Kur

Ob es heute in der Apotheke Kohlsaft (der ja haltbar gemacht werden müsste) gibt, habe ich noch nicht herausgefunden. In der mir zur Verfügung stehenden Literatur wird empfohlen, den Saft nur täglich frisch hergestellt anzuwenden. Wer eine Kohlsaftkur machen möchte, kann aber den Saft mit Hilfe eines Entsafters mit Zugabe von etwas Wasser gewinnen.

Kathrins Tipp

Klar ist, dass man für die Gewinnung von Kohlsaft nur ganz einwandfreien, wenn möglich biologisch gezogenen Kohl verwendet. Und ebenso sollte man sich vergewissern, dass der Boden vor der Pflanzung nicht frisch gedüngt worden ist (sonst können Blähungen auftreten).

Man soll den Saft nur schluckweise zu sich nehmen. (Täglich 1/2 bis 1 l Saft während 3 bis maximal 6 Wochen, begleitet von Schonkost.) Falls doch Blähungen auftreten, vor den Mahlzeiten Kamillen- und/oder Kümmeltee

Eigentlich tut man dem Kohl unrecht, wenn man jemandem sagt, er solle „keinen Kohl" reden ...

trinken, den Saft 1 Stunde nach den Mahlzeiten zu sich nehmen.
Diese Kur vermag Magen- und Darmerkrankungen (Dickdarm- und, Zwölffingerdarmgeschwüre) zu heilen. Dafür liegen Untersuchungsberichte zweier Universitätskliniken vor. Bei Rückfällen kann die Saftkur nach den ersten Anzeichen wiederholt werden.
Auch frisch gekochter Weißkohl kann zur Medizin werden. Bei

- Verstopfung
- Gicht

Ich sehe nun bei erfahrenen Hausfrauen eine Frage: Und die Blähungen, die Kohl verursachen kann?
Meine Antwort: Sachgemäß angebauter (siehe oben), frisch gekochter Kohl bläht kaum. Anders verhält es sich mit aufgewärmtem Kohlgemüse, besonders wenn es nicht kühl genug aufbewahrt wird. Außerdem kann das Würzen mit Kümmel Blähungen unterdrücken.

Beinahe sieht es so aus, als ob ein geübter Florist diese Kohlköpfe arrangiert hätte.

KOHL-CREMESUPPE

(für 4 Personen)

- *2 Esslöffel Olivenöl*
- *1 Zwiebel, fein gehackt*
- *1 Knoblauchzehe, gepresst*
- *etwa 600 g Kohlblätter, in Streifen geschnitten*
- *2 Kartoffeln, würflig geschnitten*
- *1 Esslöffel Kümmel*
- *1 l Wasser*
- *Salz, Pfeffer*
- *1 Kohlblatt, ganz fein geschnitten*

Das Öl erhitzen, die Zwiebel und den Knoblauch darin glasig dämpfen. Die Kohlblätter beigeben, mitdämpfen. Kartoffeln und Kümmel beigeben, mit dem Wasser ablöschen. Etwa $^3/_4$ Stunde kochen, würzen, eventuell mit dem Stabmixer pürieren. Mit dem rohen Kohlblatt bestreut servieren.

SAUERKRAUT

Auf die Herstellung von Sauerkraut kann ich aus Platzgründen hier nicht eingehen. Ich verweise auf zwei Bücher, in denen ich das ausführlich beschrieben habe: Erstens auf mein Gartenbuch „Mit Kathrin Rüegg durchs Gartenjahr", Kosmos Verlag, Stuttgart, 2002 und zweitens „Pikante Einmachküche", Müller Verlag, Rüschlikon, 1994.
Sauerkraut ist roh gegessen wertvoller als gekocht. Willfort empfiehlt, dem gekochten Sauerkraut ein Viertel rohes Sauerkraut beizumischen.

Rohes Sauerkraut in der Naturheilkunde

Der Saft soll hilfreich sein

- als Stärkungsmittel, vor allem bei älteren Menschen

Sauerkraut-Bad (1 l Sauerkrautsaft auf ein Vollbad) anzuwenden zur

- Durchblutungsförderung

KOPFSALAT

Lactuca sativa

„Was, bitte, hat Kopfsalat in einem Buch über die Heilkraft von Pflanzen zu suchen?“
Ich höre sie förmlich, die vorwurfsvolle Frage einer Leserin, die in der Buchhandlung in diesem Buch blättert.
Aber – liebe Leserin – dann lesen Sie hier jetzt weiter. Und Sie werden so staunen wie ich, als ich mich in alten und uralten Kräuterbüchern umsah, um – eben – noch mehr über die Heilkraft von Pflanzen zu erfahren.

Zum Anbau

Ich denke, jeder, der einen Garten hat, pflanzt auch Kopfsalat. Es gibt doch nichts Feineres als einen ganz, ganz frisch geernteten Kopfsalat auf den Mittagstisch zu stellen. Einen Salat, von dem man weiß, wo er gewachsen und wie er gedüngt worden ist. Dabei ist die Pflanze – was ihre Ansprüche an den Boden betrifft – so bescheiden. Nur genügend Komposterde braucht sie. Leider haben die Schnecken den Kopfsalat ebenso gerne wie wir Menschen. Und das heißt wiederum, dass wir für genügenden Schutz der gekeimten Pflänzchen oder der Setzlinge vor diesen gefräßigen Tieren sorgen müssen. Wir häufeln die Holzasche aus unserem Kamin in einem hohen Wall um sie herum.

Kopfsalat in der Naturheilkunde

Ich habe von alten und uralten Büchern geschrieben, die die heilende Wirkung von Kopfsalat beschreiben. Da war Galenos (geboren 130 n.Chr.), der es dem Kopfsalat, den er abends aß, zuschrieb, dass er auch im Alter bis in die Nacht hinein arbeiten und nachher problemlos einschlafen konnte. Kopfsalat als Schlafmittel? Ein Versuch wäre das doch wert! Allerdings sollte es möglichst frisch geernteter Kopfsalat sein. Je länger er vor dem Verzehr gelagert wird, desto weniger Vitalstoffe enthält er. Und auf die kommt es ja an, wenn wir ihn auch in der Naturheilkunde anwenden wollen.

Wer da nicht ins Träumen kommt...

Kopfsalat wirkt

- ausgleichend auf die Tätigkeit des Herzmuskels
- krampflösend

- belebend
- blutdrucksenkend
- harntreibend
- verdauungsfördernd
- bei Verstopfung
- bei Nierenerkrankungen
- bei Entfettungskuren
- bei Gicht (vermindert die Harnsäurebildung)

In der Küche

Kopfsalat hat alle diese heilenden Wirkungen, wenn er roh genossen wird, das heißt, als Salat. Und noch gesünder ist er natürlich mit einer Salatsauce aus Olivenöl und Zitronensaft, mit wenig Salz und Gewürzen, dafür aber mit Kräutern.

Stolz wäre ich, wären diese Prachtstücke in meinem Garten gewachsen.

Die von Mauern umsäumten Wiesen waren einst Getreidefelder...

KÜRBIS

Cucurbita maxima

Ich weiß nicht, ob ich da ganz allein bin, oder ob es auch anderen Hausfrauen so geht: Wenn ich einen Kürbis anschneide, so einen großen, orangefarbenen Brummer, den wir manchmal zu zweit kaum auf den Küchentisch heben können, dann scheint es mir, als ob ich ein Lebewesen schlachten müsste! Ist es die imposante Größe, ist es die Farbe, die Form? Das mit meinem Messer zerstören zu müssen, tut mir einfach weh. Und wenn ich solches zu meinen Mitbewohnerinnen sagen würde, dann würde ich, das weiß ich bestimmt, ausgelacht werden. Darum vertraue ich diese Gedanken diesem Manuskript an. Und wer mich bei der Lektüre dieser Überlegungen dann auslachen will, mag es tun. Ich höre es ja dann nicht ...

...und jetzt bewacht mein Wuschi sie, dass niemand das Gras betritt.

Zum Anbau

Ich habe ganz nahe bei meinem Haus ein richtiges Kürbis-Paradies: Den Misthaufen der Schafe meines Nachbarn Odivio und den Misthaufen meiner Esel und dazu noch den Komposthaufen im Garten. Es genügt, wenn wir die Kürbissamen nach den Eisheiligen stecken, um eine gewaltige Kürbisernte einzufahren. Sie wird hauptsächlich verwendet für Konfitüren, für Kuchen und für Gemüse. Manchmal bin ich aber auch froh, zu wissen, was Kürbis in der Heilkunde zu leisten vermag.

Kürbis in der Naturheilkunde

Roh als Salat: (siehe Rezept unten)

- ist er ein Blutreinigungsmittel
- hilft bei Magenkrankheiten
- kann als Diätkost bei Zuckerkrankheit empfohlen werden
- lindert Gicht und Rheuma
- lindert nicht entzündliche Nierenleiden
- wirkt bei Schwangerschaftserbrechen

Roh zerstoßen zum äußerlichen Gebrauch

- bei Furunkeln und Abszessen

Kürbiskerne geschält angewandt

- gegen Bandwurmbefall etwa 100 Kürbiskerne in Portionen gut mit Flüssigkeit zerkauen, nach einer Stunde 2 Teelöffel Rizinusöl einnehmen
- bei Prostatabeschwerden 1 Esslöffel rohe Kürbiskerne über mehrere Wochen 2 bis 3 mal täglich zerkauen

SALAT AUS ROHEM KÜRBISFLEISCH

- *600 g Kürbisfleisch, fein gerieben*
- *1 Zwiebel, gehackt*
- *2 Esslöffel Petersilie, gehackt*

Sauce:

- *4 Esslöffel Joghurt*
- *2 Esslöffel Rahm*
- *2 bis 3 Esslöffel Zitronensaft*
- *Salz, Pfeffer*

Kürbisfleisch und Zwiebel in eine Schüssel geben, die Zutaten zur Sauce miteinander vermengen. Über den Salat geben, alles gut durchmischen. 1 Stunde ziehen lassen mit der Petersilie bestreut servieren.

Vom Kuchen über Gemüse über Konfitüre: So vielseitig ist Kürbis. Letzthin habe ich ihn anstelle von Kartoffeln für Puffer verwendet.

LAUCH

Allium porrum

Als ich für das „Großmutter"-Buch „Kathrin, Werner und die Schweizer Küche" meine Schweizer Rezepte durchsah (und durchkochte), fiel es mir auf, wie viele ganz unterschiedliche Lauchgerichte es hier gibt. Der Grund hierfür ist einfach: Lauch gedeiht auch in sehr rauen Lagen noch vorzüglich, ist sozusagen frostresistent. Wer einmal durch ein hochgelegenes Alpental, zum Beispiel das Urserental (Nordseite des Gotthard- und des Furkapasses) fährt, wird feststellen, dass in jedem auch noch so kleinen Garten vor allem Lauch angebaut wird.

Zum Anbau

Der Lauch ist ein freundlicher Geselle. Er verträgt sich mit vielen anderen Gemüsen in Mischkulturen. Es ist viel schneller aufgezählt, welche anderen Pflanzen im Garten er *nicht* mag: Artischocke (aber die wächst sowieso nur in viel milderem Klima), Gurke, Rote Bete und Spinat.
Das sind alle, die Lauch nicht mag und die mir bekannt sind.

„Gartenstolz" kann auch „Kürbisstolz" sein.

Eine Sympathie möchte ich allerdings hervorheben: Lauch und Erdbeeren mögen sich sehr. Und dann: Ein Gärtner, der mit seiner Gartenfläche sparsam umgehen muss, weiß, dass Lauch, zwischen den Erdbeeren gepflanzt, nicht mehr Fläche beansprucht als Erdbeeren oder Lauch allein. Die einen wachsen in die Breite, die andern in die Höhe und somit steht keine Pflanze der andern im Weg, respektive im Licht – und in Bezug auf ihre Ansprüche auf Boden und Feuchtigkeit sind sie sich sowieso einig.
Ich weiß es zwar längst, dass gewisse meiner Mitbewohnerinnen sich gelegentlich meiner Ideen wegen an die Stirn tippen: „Jetzt spinnt sie wieder einmal!"
Ich sage, respektive schreibe es hier trotzdem: Lauch und Erdbeeren sind für mich so etwas wie ein Sinnbild für ein Liebespaar ...

Lauch in der Naturheilkunde

„Lauch – nein danke!" Diese Antwort höre ich von den Befürwortern der „Hildegard"-Medizin. Und wenn ich dem Grund dieser Ablehnung nachgehe, lese ich zum Beispiel im Buch „Kochen mit der Heiligen Hildegard": „Auf einen Übeltäter sei hier allerdings hingewiesen, den Lauch. Der Lauch hat eine schnelle und unbrauchbare Wärme ... roh genossen ist er für den Menschen so schlecht wie ein unnützes und giftiges Kraut ... für Kranke taugt er weder roh noch gekocht ..."
„Einspruch, Euer Ehren!"
Ich mache mich jetzt aus den oben angeführten Gründen (und weil ich Lauch gerne esse) zur Advokatin des Lauchs, suche – wie es sich für diese Rolle gehört – nach Indizien, nach Zeugen, die *für* den Lauch sprechen. Das „Hohe Gericht" sind in diesem Fall Sie, liebe Leserin, lieber Leser.
Erster Zeuge: Künzle, Johann, Pfarrer:
„Lauch und Schnittlauch sind in allen Küchen bekannt. Weniger bekannt ist die Heil-

Nächstes Jahr pflanze ich meinen Lauch nur noch zwischen die Erdbeerstauden. Das spart Platz!

kraft dieser Pflanzen bei Insektenstichen und bei rheumatischen Schmerzen.
Die Anwendung ist sehr einfach: Man zerquetscht einige Blätter und legt sie auf die schmerzenden Stellen."
Die Anwältin der Heiligen Hildegard wendet nun ein, dass der Herr Künzle, Johann, Pfarrer, bloß die äußerliche Anwendung von Lauch als heilsam betrachtet.
Die Anwältin des Lauchs ruft auf.
Zweiter Zeuge: Willfort, Richard, Dr., Naturheilarzt:
„Heute wissen wir, dass der wichtigste Heilstoff des Lauchs das schwefelhaltige ätherische Öl ist. Dieses löst durch sehr milde Reizwirkung die Sekretion der Magen- und Darmdrüsen sowie der Leber und der Gallenblase und hemmt weitgehend die Ausbreitung der Fäulnis- und Gärungserreger im Darm.
Diese reinigende Wirkung ruft erhöhtes Wohlbefinden hervor und steigert angenehm den Appetit.
Die beachtliche Menge an pflanzlichen Schleimstoffen fördert, wie alle schleimführenden Heilpflanzen, die Ausscheidung des Schleims in den Atmungsorganen. Schließlich wird ihm auch eine reizlose, harntreibende Wirkung nachgesagt. Außerdem bekämpft er – richtig gelagert – durch seinen hohen Gehalt an Vitamin C – die Frühjahrsmüdigkeit, den Husten und äußerlich angewandt Gicht und „Hexenschuss".
Womit wir wieder bei den Aussagen des Pfarrer Künzle angelangt wären.
Eine Warnung hat Willfort aber am Ende seines Lauch-Plädoyers angebracht:
„Wie bei allen Übertreibungen wirken auch Unmengen von Lauch sehr schädlich und können sogar einen raschen Tod herbeiführen. Als der Statthalter Mella wegen schlechter Verwaltung seiner ihm anvertrauten Provinz vor den Kaiser Tiberius gefordert wurde, trank er einen Liter reinen Porreesaft, worauf er rasch und schmerzlos starb."

Und Schnittlauch und Knoblauch und Bärlauch und Zierlauch – lauter Mitglieder einer mir sehr, sehr sympathischen Familie.

Und wenn das „Hohe Gericht“ nun nach meinem Urteil fragen würde? Ich werde Lauch weiterhin in meinem Garten anpflanzen und logischerweise auch auf meinen Tisch stellen. Ich verspreche es aber, einerseits keinen Liter Lauchsaft zu trinken und andererseits jedes Mal, wenn ich Lauch koche, die Heilige Hildegard um gnädige Nachsicht zu bitten … Amen.

GRATINIERTER LAUCH

- *2 l Wasser*
- *1 Esslöffel Salz*
- *800 g Lauchstängel, in etwa 8 cm lange Stücke zerteilt*
- *8 Scheiben gekochter Schinken*
- *$^1/_2$ l Brühe*
- *100 g Parmesankäse, gerieben*
- *4 Esslöffel Rahm*

Wasser und Salz aufkochen, den Lauch darin etwa 10 Minuten blanchieren. Dann so viele Stängel jeweils zusammenlegen, dass 8 Bündel entstehen. Diese in die Schinkenscheiben einrollen und in eine gefettete Auflaufform legen. Die Brühe dazu gießen, den Käse mit dem Rahm vermengen, über die Schinkenbündel streichen. Im auf 180 °C vorgeheizten Backofen etwa $^1/_2$ Stunde gratinieren. Der Käse muss goldbraune Krusten haben.

Vorschlag: Blanchierte Lauchringe mit einer Senf-Salatsauce anmachen. Bauernbrot und Käse dazu essen. Mmmmmmhm.

MEERRETTICH
Armoracia rusticana

Meine erste Bekanntschaft mit Meerrettich wird mir wohl für immer im Gedächtnis bleiben. Ich durfte ja in unserem Hotel in Arosa unserer Köchin, die sehr kinderliebend war, bei allem, was sie tat, helfen. Nur: Ich war eine Naschkatze und musste von allem, was da geschält, geschnitzelt, gewürfelt und gerieben wurde, versuchen. Obwohl Monika, so hieß die Köchin, das gar nicht gerne hatte. Da bereitete sie eben ein Schüsselchen mit frisch geriebenem Meerrettich für die Naschkatze vor. Ich versuchte eine tüchtige Portion davon – und bekam dann einige Minuten lang kaum mehr Luft, so scharf war das, dass mir unwillkürlich die Tränen übers Gesicht liefen!
Monikas Ross- beziehungsweise Meerrettichkur hat geholfen, denn diese Erfahrungen sind entsprechend tief in mir eingegraben.

Zum Anbau
Im Tessin kennt man Meerrettich kaum. Das heißt, er ist entsprechend selten frisch erhältlich. „Sälber mache“, selbst anbauen war deshalb die logische Lösung. Ich setzte einige Wurzelstücke. Das genüge, um daraus Meerrettich zu ziehen. Der Meerrettich wuchs zwar. Aber höchstens zu bleistiftdicken Wurzeln. Offenbar gefällt ihm meine wohl zu leichte Erde nicht. Aber hartnäckig war er deshalb trotzdem. Es dauerte ein paar Jahre, bis wir ihn endgültig wieder aus unserem Garten vertrieben hatten.

Meerrettich in der Naturheilkunde
Meerrettich ist
- appetitanregend
- harntreibend

<u>Meerrettichsaft</u> in kleinen Gaben

- lindert Hustenreiz und Asthma
- tötet Colibazillen ab
- hilft bei Dickdarmentzündung
- Blähungen
- normalisiert die Darmtätigkeit

Zur <u>Fiebersenkung</u> gibt es laut Willfort ein interessantes Rezept: Man fädle bei Fieber Meerrettich-Scheiben an einen Zwirnfaden auf und hänge diese Kette um den Hals.

<u>Andere äußerliche Anwendungen</u>

- bei Insektenstichen legt man (nachdem man den Stachel entfernt hat) frisch geriebenen Meerrettich auf. Nimmt sofort die Schmerzen
- bei Frostbeulen und Erfrierungen macht man Bäder mit Zusatz von frisch geriebenem Meerrettich
- Meerrettichessig (gerieben in Weinessig 8 Tage ansetzen) lässt Sommersprossen und Akne verschwinden

Wenn mir doch jemand sagen könnte, was dieser Rettich mit dem Meer zu tun hat!

MEERRETTICHRAHM

- *200 ml Rahm, steif geschlagen*
- *2 bis 4 Esslöffel Meerrettich, gerieben*
- *Salz*

Die Zutaten miteinander vermengen. Schmeckt wunderbar zu gekochtem Rindfleisch, eventuell zusammen mit Preiselbeermarmelade.

RETTICH

Raphanus sativus

Rettich ist einmal mehr ein Beispiel für die Tatsache, dass „Kraut“ und „Unkraut“ nahe beieinander wohnen: Er soll aus dem Hederich hervorgegangen sein – jenem Ackerunkraut, das manchem Bauern das Leben schwer machen kann. Andererseits ist er aber eine jener Kulturpflanzen, die schon beim Bau der Cheops-Pyramide bekannt waren.

Wenn ich wählen kann: Die schönen, roten Radieschen sind mir die liebsten...

Zum Anbau

Rettich ist anspruchslos, zieht aber doch sandige Erde vor. Er wird als einjährige Pflanze angesät und kann – bei mir wenigstens – ab Mitte Juli geerntet werden, wobei ich darauf achte, dass eventuelle Blütenansätze entfernt und nur Pflanzen ohne solche geerntet werden.

Rettich in der Naturheilkunde

Der Saft von Bierrettich wird von ganz unterschiedlichen Autoren als eines der wirksamsten Mittel zur Behandlung von Störungen der Gallenwege empfohlen. Man gewinnt den Saft, indem man den Rettich fein reibt und dann mit Hilfe eines feinen Tuches oder jenem Gerät zur Zerkleinerung von Kartoffeln, das aussieht wie eine Riesen-Knoblauchpresse, gut ausdrückt. Die Wurzel ist sehr safthaltig. Die Tagesdosis beträgt 50 ml bis maximal 100 ml, nach drei Tagen einige Tage pausieren. Auf keinen Fall länger als sechs Wochen hintereinander anwenden. Es kommt leicht zu einer Reizung der Magenschleimwände!

Für viele ist der Rettich eine „ordinäre" Pflanze. Aber weil sie dumm sind und nicht um die vielen wertvollen Eigenschaften wissen.

Achtung bei der Verwendung von Rettich als Naturheilmittel:
Bei Gallensteinen vorher den Arzt befragen, Koliken können ausgelöst werden.

Eine andere Verwendung findet der Rettich als Hustensaft. Hierzu höhlt man Rettiche aus, macht am dünnen Ende eine Öffnung, füllt die Rettiche mit Rohzucker oder Honig und legt alles für zwei, drei Tagen in eine Schüssel. Den austretenden Saft verabreicht man schluckweise bei

- Erkältungen zur Linderung des Hustens
- bei Keuchhusten

Eine andere Art, Rettichsaft zu gewinnen: Zerschnittene Rettiche mit wenig Wasser aufsetzen, weich kochen, das Kochwasser mit Honig oder Rohzucker vermengen. Schluckweise bei den beiden oben erwähnten Beschwerden trinken.
Schließlich soll auch noch auf die Wirkungen des Rettichs bei Gallenerkrankungen hingewiesen werden. Wer oft geriebenen Rettich isst, ist viel weniger anfällig für Gallensteine!

RETTICHSAUCE ZU FISCHEN ODER EIERN

- *1 Esslöffel Butter*
- *1 Esslöffel Mehl*
- *200 ml trockener Weißwein oder trockener Sekt*
- *Salz*
- *3 Esslöffel Rettich, gerieben*

Die Butter zergehen lassen, das Mehl darin andünsten (Achtung: Es dürfen keine Knöllchen entstehen!). Mit dem Wein ablöschen. Einige Minuten köcheln lassen, salzen, den Rettich dazurühren. Sofort servieren.

ROTE BETE

Beta vulgaris

„Sieh, das Gute liegt so nah.“
Wenn man dieses Zitat vor die Beschreibung eines Heilkrautes stellen soll, verdient es die Rote Bete an einer vordersten Stelle. Wer würde es schon ahnen, dass eine leicht anzubauende, leicht bis ins Frühjahr zu lagernde Pflanze so viele (und in diesem Fall auch wissenschaftlich nachgewiesene!) Heilwirkungen hat?

Zum Anbau

Wir säen sie im April aus, pikieren die Sämlinge, setzen sie in humusreichem Boden in die volle Sonne, jäten und lockern den Boden gelegentlich – und im Herbst lagern wir sie in unserem Keller (er hat Naturboden) ein, um sie im Laufe des Winters zu verzehren. Dafür kochen wir sie mitsamt der Schale wie Pellkartoffeln. Sie können dann im Kühlschrank eine Woche lang gelagert werden, enthalten aber natürlich am meisten Vitamine, wenn man sie – einmal gekocht – bald verzehrt. Eine andere Möglichkeit ist es, Rote Bete wie Kohl milchsauer einzulegen. Dann wird sie ähnlich verwendet wie Sauerkraut und ist – wie dieses – roh gegessen heilkräftiger.

Rote Bete in der Naturheilkunde

Hierfür ist in allererster Linie der Saft der rohen Frucht hervorzuheben. Gescheite Apotheker sind längst dazu übergegangen, diesen Saft als Heilmittel zu verkaufen. Die Saftgewinnung ist zwar einfach: Aber das dazu verwendete Material muss auf biologisch einwandfreiem Boden gewachsen sein und nach der Ernte raschmöglichst verarbeitet und konserviert werden, was im „normalen“ Haushalt, der über keinen eigenen Garten verfügt, praktisch unmöglich ist. Meist kommt die Rote Bete ja schon gekocht in den Handel.

KATHRINS TIPP

Wer an Magen- und/oder Darmstörungen leidet, soll keinen Rettich essen.

Blick von meiner Haustüre aus. Man darf mich beneiden.

Saft der rohen Roten Bete wird in der Volksmedizin empfohlen als Heilmittel bei

- Katarr
- Heiserkeit
- Blutarmut
- akuten Fiebererkrankungen
- Grippe
- Lebererkrankungen
- niedrigem Blutdruck
- erhöhter nervlicher Belastung
- zur Unterstützung der Wundheilung
- löst Harnsäure

Immer lockt es mich, die rote Bete auch zum Färben von Wolle zu verwenden. Nur: Die Farbe verblasst im Licht und beim Waschen. Merke: Essbare Pflanzen sind zum Essen da!

Was unsere Großmütter noch nicht wissen konnten, aber wissenschaftliche Forschung herausfand: Der Saft roher Roter Bete hat noch andere Wirkungen, die hier erwähnt werden müssen:

- Er enthält einen tumorfeindlichen Heilstoff, das Anthocyan, kann also krebsvorbeugend sein
- und bewirkt durch seinen hohen Eisengehalt eine Blutverbesserung

Ein anderer Forscher machte noch eine andere sensationelle Feststellung:

- Er ist wirksam bei Röntgen- und radioaktiven Strahlungsschäden

Also ist es von Vorteil, möglichst viel davon in den Speisezettel aufzunehmen!

In der Küche

Roh geriebene Rote Bete schmeckt, vermischt mit fein gehackten Zwiebeln, fein als Salat. Ebenso lässt sich aus roher Roter Bete ein Gemüse kochen. Allerdings ist dann der Gehalt an heilsamen Stoffen schon vermindert.

ROTE-BETE-GEMÜSE

- *2 Esslöffel Butter*
- *100 g Speckwürfel*
- *1 Zwiebel, fein gehackt*
- *600 g rohe Rote Bete, gewürfelt*
- *$^{1}/_{1}$ l Gemüsebrühe*
- *4 Esslöffel Rahm*
- *Salz, Pfeffer*
- *2 Esslöffel Petersilie, fein gehackt*

Die Butter zergehen lassen, zuerst die Speckwürfel, dann auch die Zwiebel darin einige Minuten dämpfen. Das Gemüse beigeben, durchdämpfen, mit der Brühe ablöschen. Etwa $^{1}/_{2}$ Stunde köcheln lassen, mit dem Rahm verfeinern, würzen. Mit der Petersilie bestreut servieren.

SELLERIE

Apium graveolens

Geht es wohl auch andern Kindern so: Ich verabscheute jegliche Form von Sellerie: Knolle, Kraut, roh, gekocht. Meinem jüngeren Bruder ging es ebenso. Und als wir erwachsen wurden, stellten wir beide unabhängig voneinander fest, dass wir Sellerie jetzt mögen. Meine Theorie ist es, dass Sellerie einen Stoff enthält, der Kindern nicht zuträglich ist. Ähnlich wie beim Spinat.

Zum Anbau

Erst hier im Tessin habe ich eine Sellerieart kennen gelernt, die in der Küche der Alpensüdseite eine wichtige Rolle spielt: Den Blattsellerie. Wie der Name sagt, bildet er bloß Blätter, etwas größer als die glatte Petersilie, ist aber doch leicht mit ihr – zumindest vom Aussehen her – zu verwechseln. Ihr Geschmack hingegen ist eindeutig „sellerig". Eine Minestrone ohne Selleriekraut ist keine Minestrone.

Natürlich habe ich es versucht, sowohl Knollen- als auch Bleichsellerie anzubauen. Aber denen ist es bei mir nicht sehr wohl. Mit dem Kraut hingegen, das wir im April im Frühbeet ansäen, haben wir Glück, wenn – einmal mehr – die Schnecken ihm nicht zu sehr zusetzen. Wir wenden den gleichen Trick an wie beim Basilikum: Er wird schneckensicher in einem Blumenkasten auf der Terrasse angebaut. (Ein Trost für alle, die gerne gärtnern, aber keinen Garten haben: Von der Schneckenplage werdet ihr verschont!)

Sellerie in der Naturheilkunde

Sellerie darf als Heilmittel nicht bei Nierenentzündungen und während der Schwangerschaft verwendet werden.

Sellerieknollen roh: Fein gerieben und mit Äpfeln vermischt (siehe Rezept unten)

KATHRINS TIPP

Sellerie darf nur gegessen werden, wenn das Herz gesund ist.

- sollen potenzsteigernd wirken

Sellerieknollen, gekocht

- bei Appetitlosigkeit
- Blähungen
- bei Gicht und Rheuma während zwei Monaten täglich zwei kleine Knollen (circa 100 g) essen

Saft aus Knollen

- bei Menstruationsbeschwerden
- chronischen Nierenerkrankungen (mäßig genossen)

Saft mit Zucker eingekocht ergibt einen

- Hustensirup

Sellerieknolle für Rohkost: fein gerieben zusammen mit Apfel

- bei Hautkrankheiten

Griechen und Römer weihten den Sellerie dem Gott der Unterwelt. Was hat dieses feine Gemüse denn verbrochen?

Ob Knolle oder Blatt oder Stängel: Nicht nur geballter Wohlgeschmack, auch geballte Heilwirkung steckt im Sellerie.

SELLERIESALAT

(pro Person)

- *150 g Sellerieknolle, fein gerieben*
- *100 g Apfel, geschält, fein gerieben*

Sauce:

- *3 Esslöffel Yoghurt*
- *2 Esslöffel Rahm*
- *2 Esslöffel Zitronensaft*
- *Salz, Pfeffer*

Garnitur: eventuell 1 Esslöffel Walnüsse, grob gehackt

Sellerie und Apfel in eine Schüssel geben, die Saucen-Zutaten miteinander vermengen, über den Salat geben, gut vermischen, mit den Walnüssen garniert servieren.

SPARGEL

Asparagus officinalis

Spargel – das Wort allein lässt Schleckmäulern das Wasser im Munde zusammenlaufen! Solche Medizin kann man sich gefallen lassen. Einmal mehr wundere ich mich, dass Spargel in etlichen – auch vor nicht so langer Zeit erschienenen – einschlägigen Büchern nicht erwähnt wird. Vielleicht einfach, weil sein Ansehen als leckeres Lebensmittel dasjenige als Heilkraut übersteigt. Dabei müsste doch jeder einigermaßen aufmerksame Spargelgenießer die diuretischen, also die wassertreibenden Eigenschaften am eigenen Leib spüren: Wer Spargel isst, muss öfters mal „für kleine Königstiger" ... Und dann spürt man den Geruch des Spargels noch mal. Im Urin nämlich. Aber das soll niemanden davon abhalten, gerne Spargel zu essen. Mit einer Ausnahme: Spargeln können – auch bloß beim einfachen Berühren – eine Art Allergie auslösen.

Zum Anbau

Spargelanbau im eigenen Garten ist nur geduldigen Gärtnern zu empfehlen. Man setzt einjährige Wurzeln im Abstand von 40 cm in 30 cm tiefe Gräben. Bleichspargel muss man anhäufeln, Grünspargel verlangt das nicht, er ist also einfacher zu kultivieren. Ich bin den Empfehlungen erfahrener Pflanzer gefolgt. Hier gedeiht Grünspargel nämlich besser. Diese Empfehlung hat mich umso mehr gefreut, als der Grünspargel auch einfacher geerntet werden kann (man schneidet ihn einfach bodeneben ab, wenn er etwa 15 cm hoch ist) und zudem muss er vor dem Kochen

Ich habe noch in keinem meiner gelehrten Bücher gelernt, woher der Spargel denn eigentlich stammt. Aber Hauptsache: Er schmeckt fein!

nicht geschält werden. Aber es braucht also Geduld: Im Pflanzjahr soll man noch keine Spargeln ernten, im zweiten nur zwei bis drei Triebe pro Wurzel (Pflanze), im vierten während vier Wochen die stärksten Triebe, erst im fünften Jahr darf man – allerdings höchstens bis zum 24. Juni – alle kräftigen Triebe ernten. Dafür liefert derselbe Anbau dann während der nächsten fünfzehn bis zwanzig Jahre die begehrte Köstlichkeit. Natürlich muss auch gedüngt werden: Jedes Jahr im Juli mit gut gelagerter Komposterde. Und wenn die Spargeln bereits Triebe zeigen, soll man sie bei Frostgefahr abdecken.

Spargel in der Naturheilkunde

Gekochter Spargel

- steigert die Nierentätigkeit
- wirkt leicht abführend
- kann als Diät bei Zuckerkrankheit empfohlen werden
- stärkt den Magen

Spargelwurzelpflaster: In Wein gekochte Spargelwurzeln zu einem Brei verarbeiten, diesen als Pflaster auf die jeweiligen betroffenen Gegenden aufgelegt wirkt bei

- Nierenschmerzen
- Verstauchungen

Diesen Brei im Mund behalten hilft bei

- Zahnschmerzen

In der Küche

Wie man Spargel aufbewahrt: Falls eine Ernte nicht ergiebig genug für eine Mahlzeit ist, kann man die Spargeln eine Stunde in eisgekühltes Wasser stellen, dann – in ein feuchtes Tuch eingewickelt – einige Tage lang im Kühlschrank aufbewahren. Zum Tiefkühlen bündelt man sie, packt sie luftdicht ein und legt sie so in den Tiefkühlschrank.

Holzigen Spargel kocht man weich, seiht die Brühe ab und verwendet diese – zum Beispiel mit Eigelb oder gekochten Kartoffeln gebunden – als Suppe.

Hier haben wir jetzt Grünspargel angepflanzt. Vielleicht für meine Erben...

TOMATE

Lycopersicon esculentum

Auch die Tomate gehört zu den Pflanzen, die in vielen Büchern über die Volksmedizin schlicht vergessen wird. Ich denke, das könnte damit zusammenhängen, dass sie als Salat- und Gemüsepflanze so vielseitige Verwendung findet, dass man ihr die vielen Heilwirkungen, die sie hat, gar nicht auch noch „zutraut".

Die Tomate heißt auf italienisch „Pomodoro" – Goldapfel. Und dann hat sie auch noch den hübschen deutschen Namen „Liebesapfel". Dreimal darf man raten, weshalb ...

Ich wohne ja im Tessin, im „Tomatenland" der Schweiz. Wer sich beim Durchqueren der Magadino-Ebene fragt, was denn in den vielen Treibhäusern angebaut wird: Im Sommer sind es hauptsächlich Tomaten. Deren Anbau ist es, der dieser Gegend einst einen bescheidenen Wohlstand gebracht hat, der zeitweise

„Paradiesapfel". War das vielleicht der Apfel, mit dem Eva den Adam in Versuchung geführt hat???
(Zugegeben, jetzt habe ich Hintergedanken.)

dann eine Überproduktion zur Folge hatte. Die ist nun einem vielseitigeren Anbau südlicher Gemüse gewichen.

Zum Anbau

Die Art meines Tomaten-Anbaus habe ich in meinem Gartenbuch beschrieben. Ich behaupte, meine Freiland-Tomaten sind einfach die allerbesten! Ich ziehe sie – eben auf Anraten eines Magadino-Tomaten-Pflanzers – zweitriebig und entspitze sie, wenn sie 1,2 m hoch gewachsen sind. In den letzten Jahren bin ich dazu übergegangen, nur noch die Kirschtomaten anzubauen. Allerdings sind sie nach meiner Feststellung anfälliger gegen die Tomatenfäule. Der kann ich vorbeugen, indem ich beim Pflanzen einen kupfernen Elektrodraht (natürlich ohne Isolation) etwa 2 cm über dem Wurzelansatz durch den Stängel stoße (und natürlich dort drin stecken lasse).

Tomate in der Naturheilkunde

Wie immer: Roh ist ihr Gehalt an Vitaminen natürlich am größten. Sie hilft dann am besten bei

- Blutarmut
- hohem Blutdruck
- Herz- und Nierenerkrankungen
- verringerter Absonderung der Magen- und Bauchspeicheldrüsen-Säfte
- Rheuma
- Gicht
- Verstopfung
- verringerter Potenz (siehe auch Knoblauch)

<u>Frischer Tomatensaft</u>

- fördert die Wundheilung

<u>Tomatenblätter als Aufguss im Bad</u>

- helfen bei Ischias

In der Küche

Natürlich verwende ich in meiner Küche vollreife, soeben gepflückte Tomaten. Mit einer

Ein Stückchen Elektro-Kupferdraht (natürlich ohne Isolation) durch den Stängelansatz der Tomate stecken. Verhindert Krautfäule.

Ausnahme: Für Tomatensalat eignen sich nur knapp ausgereifte Tomaten besser. Einerseits ist das eine Geschmacksfrage, andererseits lassen sich von noch nicht ganz reifen Tomaten schönere Schnitze oder Scheiben schneiden. Was bei meinem Tomatensalat unbedingt dazugehört, ist einerseits Zwiebel und andererseits Basilikum oder Petersilie. Nochmals lauter nicht nur gut schmeckende, sondern auch heilende Pflanzen.

Frische Tomaten verwenden wir aber nur, solange sie zumindest im Tessin, noch in meinem Garten gediehen sind. Wir kochen so viel ein, dass wir bis zur nächsten Tomatenreife genügend Vorrat haben. Dort, wo es auf eine möglichst gute Vitaminversorgung ankommt, weichen wir auf andere Gemüse und Salate aus.

ZWIEBEL

Allium cepa

Welch eigenartiger Zufall: Zwiebel – *Allium cepa* – ist, je nachdem ob man die hier aufgeführten Kräuter nach der deutschen oder der botanischen Bezeichnung ordnet, entweder die Ouvertüre oder das Finale eines Lobgesangs!

Sei es nun auf die eine oder andere Art: Auch die Zwiebel ist eine jener Tausendsassas, die eigentlich ein Buch für sich beanspruchen dürfte. Allein schon ihre Geschichte ist bemerkenswert. In Jahrtausende alten Keilschriften wird bereits von ihrer Heilkraft berichtet. Willfort schreibt: „Wie ein roter Faden zieht sich dieses hohe Lied über die Heilkraft durch alle Werke, da man seit eh und je erkannte, dass sie hervorragendsten Anteil hat an der Erhaltung des größten Schatzes der Menschen: Der Gesundheit ..."

Bin ich vermessen, wenn ich die Zwiebel aufs Siegertreppchen stelle, wenn es darum geht, den vielfältigsten Krankheiten vorzubeugen oder als erste Hilfe einem Kranken beizustehen. Gibt es überhaupt Haushalte, wo Zwiebel nicht jederzeit greifbar ist?

Ich kannte den Wart einer sehr hoch in den Alpen gelegenen Hütte, der versessen darauf war, immer genug Zwiebeln (die man damals noch zu Fuß hinauftragen musste) zur Hand zu haben. Das sei seine „Notapotheke" für Bergsteiger, die nicht nur bei ihm Rast machten, sondern bei Unpässlichkeiten auch seine Hilfe brauchten. Machen wir es ihm also nach.

Zum Anbau

Da wäre gleich noch ein weiteres Loblied fällig. Wenn jemand, der keine Ahnung von Gartenarbeiten hat, mich fragen würde, was er denn nun in seinem neuen Garten anpflanzen solle, dann wäre wohl mein Rat, sich Steckzwiebeln zu besorgen, an erster Stelle. Gemeinsam mit ein paar Tütchen Karotten-Samen. Zwiebel und Karotten lieben sich nämlich. Nicht nur im Gartenbeet in abwechselnden Reihen angesät, wo jede Pflanze die Ungeziefer der andern Pflanze vertreibt. Auch im Kochtopf. Beide lieben außerdem dieselbe Boden-Beschaffenheit, nämlich sandigen, durchlässigen, wenn möglich etwas kalkhaltigen Boden, nicht frisch gedüngt. Lieber nicht zu viel Feuchtigkeit.

Man steckt die Zwiebelchen im Abstand von etwa 15 cm in Rillen. Diese müssen so tief sein, dass die Spitzen gerade noch etwas aus dem Boden schauen, wenn man sie mit Erde bedeckt. Dann muss man sie fest andrücken. Und vorsichtige Gärtner bedecken sie am Anfang noch mit einem Vogelschutznetz.

Wenn (bei mir ist das im September) die Blattspitzen gelb werden, knickt man die ganze Pflanze um und erntet die Zwiebeln etwa zwei Wochen später, indem man sie durch Lockern der Erde mit einer Grabgabel aus ihrem Erdenbett hebt. Wir lassen sie mitsamt den dürr gewordenen Stängeln auf den warmen Steinplatten im Hof trocknen (Achtung: Über Nacht muss man sie ins Haus nehmen) und flechten sie schließlich zu Zöpfen, die allerdings nicht so kunstvoll aussehen wie diejenigen, die man auf dem Berner Zwiebelmarkt kaufen kann. Kühl, dunkel und trocken aufgehängt, halten unsere Zwiebeln so bis zum Frühjahr. Und der in Gebrauch genommene Zopf ist erst noch eine hübsche Dekoration in unserer Küche.

Zwiebel in der Naturheilkunde

Pfarrer Künzle schreibt: „Zwiebelauflagen, auf kranke Körperteile aufgelegt, ziehen den Krankheitsstoff oft so energisch heraus, dass sie ganz schwarz und sehr übelriechend werden; das Krankheitsgift wird eben von den Zwiebeln aufgenommen. Zwiebelauflagen

Wie man Zwiebelzöpfe flicht? Siehe nächste Seite!

sind daher besonders im Anfangsstadium von Krankheiten sehr wertvoll, da sie die Giftstoffe herausziehen, bevor sie großen Schaden angerichtet haben."

Ich denke, dass auch der oben zitierte Hüttenwart Pfarrer Künzles Buch so kannte wie meine Großmutter. Aber was versteht man unter *Zwiebelauflagen*?

Man schneidet die geschälten Zwiebeln in dünne Scheiben, erhitzt sie (nicht braten und nicht dünsten). Dann breitet man sie auf einem porösen Tuch (zum Beispiel einer Gazewindel) aus, das man nochmals mit einem gut waschbaren Gewebe, dann mit einer dicken Wattelage und schließlich noch mit einem Wolltuch bedeckt. Die Wärme soll möglichst lange anhalten, das heißt, man sorgt dafür, dass der Patient auch noch mit genügend Decken zugedeckt wird. Falls man den Kranken in einen Leibwickel legen will, näht man eine breite Binde mit einzelnen Taschen, in die man die Zwiebelscheiben flach hineinlegt. Wenn der Wickel erkaltet ist, einen neuen auflegen. Damit lassen sich folgende Krankheiten behandeln:

- Husten
- Lungen- und Brustkatarr
- Grippe
- Lungen- und Brustfellentzündung
- Blasenkatarr
- Harnverhalten

Auflagen auf den Hinterkopf wirken bei

- Ohren- und Augenentzündungen
- Stirnhöhlenkatarr

Dekor in der Küche und die richtige Aufbewahrung: Einen Zwiebelzopf kann man auch selber flechten.

Kathrins Tipp

Wichtig: Bei Nierenentzündung und Zuckerkrankheit darf man Zwiebelwickel nicht anwenden. Sie würden diese Krankheiten noch verschlimmern!

Auflagen auf die befallenen Finger wirken bei

- Nagelbett-Geschwüren und Nagelbett-Eiterung

Eine halbe Zwiebel in den Nacken gedrückt, die andere Hälfte unter die Nase gehalten, hilft bei

- Nasenbluten

Zwiebelsalbe: Eine fein geschnittene Zwiebel mit Honig und etwas Essig zu einem Brei vermischen bei

- eitrigen Wunden
- offenen Geschwüren

Zwiebelsaft kann helfen bei

- Insektenstichen
- brüchigen Finger- oder Fußnägeln
- Eierstock- und Gebärmutterentzündung
- Scheidenkatarr

Bei den beiden letzteren Anwendungen tränkt man einen Tampon mit Zwiebelsaft und bringt ihn in die Scheide. Täglich zwei- bis dreimalige Behandlung und jeweils fünfstündiger Einwirkung.

Zwiebel für innerliche Anwendung roh mit etwas Brot gegessen bei

- Skorbut
- Blähungen
- Sodbrennen
- Wurmbefall

Zwiebelsaft mit Honig vermischt hilft bei

- geschwächten Nerven
- Basedow'scher Krankheit
- Heiserkeit
- Halsentzündung
- Husten
- trockenem Katarr
- geschwollenen Händen und Füßen

Zwiebelsaft mit Milch vermischt wendet man an bei

- Magenblutungen
- Magenschmerzen
- Unterleibsschmerzen

Zwiebel als Vorbeugungsmittel bei Grippewellen: Ein bis zwei Zwiebeln fein zerschneiden, in Weingeist oder Kornbranntwein ansetzen. Beim Verlassen des Hauses ein Schnapsgläslein davon trinken.

So ganz Unrecht habe ich doch nicht, wenn ich behaupte, im Dschungel zu wohnen?

Übrigens: Bei Nutztieren soll man sogar den Ausbruch der Maul- und Klauenseuche verhindern können, wenn man ihnen bei Gefahr täglich das Maul und die Klauen einige Male mit Zwiebelsaft einreibt (ich kenne zwei solcher Fälle).

In der Küche

Frisch verwenden. $^1/_2$ Stunde nach Zerkleinern beginnt die Zersetzung. Schädlich bei Magen- und Darmkranken, Blähungen, Aufstoßen, Bauchweh.

Gegen Zwiebel-Mundgeruch Petersilie oder einen Apfel essen.

Grobe Zerkleinerung kann Unbekömmlichkeit verursachen.

Der mangelnde Heilerfolg ist bei der Zwiebel immer auf die unrichtige Anwendung zurückzuführen.

OBST

Wie gut das doch eingerichtet ist: Zuerst ernte ich Rhabarber, dann Erdbeeren, dann Himbeeren, dann Johannisbeeren, dann die ersten Äpfel und Birnen. Und – Entschuldigung – die Kirschen gehören vor die Himbeeren. Einzig vom September an, da platzt der Obstsegen aus allen Fugen. Ich will ihn ja nicht kritisieren, aber es könnte doch sein, dass dem Lieben Gott bei der Schöpfung irgendwann die Agenda durcheinander geraten ist und er im Herbst uns arme Gärtnerinnen und Hausfrauen schlicht vergessen hat. Das hindert uns aber nicht, auch an die vielen Heilwirkungen des Obstes zu denken.

Baum- und Beerenobst

APFEL

Malus domestica

„An apple a day keeps the doctor away“. Wer kennt diese Weisheit nicht? Ins Schweizerdeutsche übersetzt, so wie ich sie als Kind kennen lernte: „Jede Tag en Oepfel ässe, de chasch der Tokter glatt vergässe“, was auf – zugegeben holprigem – Schriftdeutsch etwa heißen würde: „Jeden Tag einen Apfel essen und dann den Doktor schlicht vergessen“.
Manchmal frage ich mich, ob sich ein Stadtkind heutzutage wohl überlegen mag, woher denn die Äpfel kommen? Aus dem abgepackten Plastiksack vom Supermarkt? (Das wäre dann eine Parallele zur Milch aus der Tüte.)
Ich habe zum Thema Apfel eine ganz besondere Beziehung: Da wo ich aufgewachsen bin, in Arosa, da kannte ich einen allereinzigen Apfelbaum. (Unser Haus ist auf 1.900 Meter über dem Meer gelegen. Außer Tannen, Arven und Ebereschen gedeihen da eigentlich keine Bäume mehr.) Dieser Apfelbaum nun verdankte seine Existenz einer sehr geschützten Lage, nämlich links der Eingangstüre an der Hauswand, und war der größte Stolz meiner Großmutter. Er wurde gehätschelt wie ein verzärteltes Kind. Unsere Dienstmädchen wussten es alle: Das Schmierseifenwasser durfte nach der Reinigung der Böden niemals einfach irgendwo ausgegossen werden. Das gehörte dem Apfelbaum. Und im Frühjahr (das meist zaghaft so Mitte Mai den Schnee von den Wiesen verschwinden ließ) war jede einzelne Apfelblüten-Knospe der Erwähnung wert. Solange Frostgefahr bestand, musste Papa den Baum jeden Abend mit einem Barchent-Leintuch zudecken. Wehe, dreimal wehe, wenn er das vergaß ... Und im Herbst hingen dann also ein paar Äpfelchen am Baum. Sie waren sauuuuuer. So sauer, dass es – ich zitiere Papa: „es einem das Hemd hineinzog ...“ Immerhin: Ein paar Gläslein Apfelgelee kochte unsere Köchin daraus. Und dieses Gelee wurde dann feierlich auf den weihnächtlichen Frühstückstisch gestellt.
Diese Erinnerungen sind es, die mir auch heute noch jeden Apfel als Kostbarkeit vorkommen lassen – was er eigentlich ja auch ist. Dazu kam, dass Papa mir erzählte, die Aroser Kinder hätten in früheren Zeiten jeweils einen Apfel zu Weihnachten bekommen – sonst nichts. Und sie wären glücklich gewesen damit ... Die Leute, die damals in solch hochalpinen Gegenden wohnten, hatten ein für uns unbegreiflich karges Leben (und waren vielleicht zufriedener als wir ...).
Es sei Karl der Große gewesen, der in seinen Ländern den Anbau von Apfelbäumen angeordnet haben soll. Und bereits im siebzehnten Jahrhundert habe man über 200 Apfelsorten gekannt. (Wie viele es wohl heute sein mögen?)

Mein Papa behauptete, meine Wangen würden rot, wenn ich Äpfel mit roten Wangen esse.

Zum Anbau

Hier im Tessin bin ich stolze Besitzerin von zwei Apfelbäumen. Sie wachsen und gedeihen seit etwa 25 Jahren. Das Klima hier ist zwar alpin – aber wir wohnen nur auf 800 m über dem Meer. Die Sonnenscheindauer ist während der Sommermonate genügend lang, um unsere Äpfel reifen zu lassen. Bevor wir die Bäume pflanzten, habe ich mich auch kundig gemacht, was eine Gärtnerin in diesem Fall wissen sollte:
Wir haben – wie auch beim Pflanzen der übrigen Obstbäume – ein Pflanzloch gegraben, das gute 20 cm tiefer und breiter war als der Wurzelballen des Baumes. Ins Loch und neben den Wurzelballen gaben wir viele Knochen. Das war der Rat meines Nachbarn, weil unsere Erde sehr kalkarm ist. Dann schütteten wir das Loch zu, stampften die Erde ringsum ganz fest, dabei beachtend, dass eine Vertiefung um den Stamm herum entstand. Dort sammelte sich das Wasser, das wir zu Beginn reichlich gossen. (Natürlich war da auch unser Schmierseifenwasser dabei. Meine Großmutter – längst auf Wolke acht wohnend – hat mich garantiert kontrolliert. Und auch, ob ich immer noch bei Frostgefahr ans Leintuch denke.)

Der Apfel in der Naturheilkunde

Wenn ich einen Apfel sehe, fällt mir noch eine andere Jugenderinnerung ein: Ich hatte – infolge einer Vergiftung – einen entsetzlich empfindlichen Magen, der manchmal etliche Tage lang nichts anderes mehr ertrug als fein geriebenen, rohen Apfel, Haferschleimsuppe, Zwieback und ungesüßten Schwarztee. Auch heute noch kuriere ich meine Hausbewohner und mich damit bei Magenverstimmungen. Aber der Apfel kann noch viel mehr:

- Apfel ist nicht nur Nahrungsmittel, sondern gleichzeitig Balsam für den ganzen Verdauungsapparat

KATHRINS TIPP

Äpfel nie kalt genießen. Sie können sonst Magen- oder Leberbeschwerden oder Sodbrennen heraufbeschwören!

- er hilft nicht nur bei Magenbeschwerden. Auch bei Verstopfung und Durchfall entfaltet er seine regulierenden Kräfte und darf schon bei Säuglingen angewandt werden. Wichtig ist bloß, dass der Brei – wie schon erwähnt – leicht angewärmt und nicht gesüßt ist

„Ein roher Apfelbrei, ganz leicht angewärmt, gehört zu den am leichtesten verdaulichen Speisen überhaupt." Hier zitiere ich Richard

„Apfel im Herbst mit Grabgabel": Wär's gemalt und nicht fotografiert, dann wäre es das Werk eines holländischen Meisters.

Willfort („Gesundheit durch Heilkräuter"). Mit andern Worten: Wer über einen empfindlichen Verdauungsapparat klagt, dem empfiehlt Willfort einen Darm-Entgiftungstag:
Frühstück: 1 Glas reiner Apfelsaft (also nicht aus Apfel- Konzentrat!), mit dem Saft einer halben Zitrone vermischt, lauwarm und schluckweise trinken.
Vormittag: 1 bis 2 rohe Äpfel mit der Schale (die Äpfel natürlich warm gewaschen und abgerieben, wegen der Spritzmittelrückstände) essen.
Mittag: Apfelschalentee mit Honig gesüßt.
Am Nachmittag wieder 1 bis 2 rohe Äpfel.

Zwar heute kaum noch gebräuchlich: Äpfelschnitze könnte man auch trocknen (wenn sie nicht vorher aufgegessen worden sind).

Gegen Abend 1 bis 2 Gläser Apfelsaft.
Abends: 1 Teller warmes Apfelmus mit etwas Honig vermengt.
Nach meiner eigenen Erfahrung stillt der Apfel auch das Hungergefühl – wobei das Gefühl, nun innerlich „frisch geputzt" zu sein, sowieso den Hunger vergessen lässt.
Diese Reinigungskur kann auch Rheumatikern empfohlen werden (ich gehöre auch dazu). Der Apfel vermag es nämlich auch, Übersäuerungen zu mildern. Nur muss man sie dann so etwa alle vier Wochen einmal durchführen, um einen bleibenden Effekt zu erzielen und natürlich auch den übrigen Speisezettel für Rheumatiker anpassen.

- Der Apfel ist kalorienarm und stillt gleichzeitig das Hungergefühl, also sollte er bei Schlankheitsdiäten nicht fehlen!

Tee: Dafür verwendet man nur die Apfelschalen: Diese gut trocknen und in einem Schraubdeckelglas dunkel, kühl und trocken aufbewahren. Zubereitung: 1 Handvoll Apfelschalen mit $^{1}/_{2}$ l kochendem Wasser übergießen, $^{1}/_{4}$ Stunde ziehen lassen, abseihen. Eventuell mit Honig süßen. Ergibt einen wunderbaren, durststillenden Tee, der außerdem heilkräftig ist.

- Apfelschalentee kann die Nerven beruhigen und ist überdies ein feiner Durststiller.
- Und dann gibt es noch ein besonderes Rezept für geistig abgespannte Menschen: Einen ungeschälten Apfel auf einer groben Reibe zerkleinern, mit $^{1}/_{2}$ l kochendem Wasser überbrühen, 1 Stunde ziehen lassen, mit Honig leicht süßen. Den entstandenen dünnen Apfelbrei langsam essen.

In der Küche

Leicht ließe sich ein ganzes Kochbuch mit Apfel-Rezepten füllen! Ich lasse hier die überall bekannten wie Bratapfel, Apfelkuchen, Apfelwähe, Apfelstrudel, Apfelmus weg und empfehle zum Beispiel:

APFELRÖSTI

(ein Nachtessen, das Kinder lieben)
(für 4 Personen)

* *800 g Äpfel, geschält, halbiert, Kerngehäuse entfernt, in Scheibchen geschnitten*
* *125 ml Apfelsaft*
* *etwa 6 Esslöffel Zucker*
* *100 g Butter*
* *200 g Toastbrot (auch altbackenes) in Würfel geschnitten*

Äpfel mit dem Apfelsaft und dem Zucker etwa 10 Minuten kochen. Die Butter zergehen lassen, die Brotwürfel darin hellbraun rösten, dem Apfelbrei beigeben, alles durchdämpfen, bis die Äpfel weich sind.

BROMBEERE

Rubus fructicosus

Natürlich kennen wir in der Küche die Frucht des Brombeerstrauchs. Eigentlich ist aber die ganze Pflanze – auch für Kochzwecke – erwähnenswert, ergeben doch Brombeerblätter, gemischt mit Himbeer- und Erdbeerblättern einen ganz feinen Kräutertee (siehe Rezept auf Seite 89).

Von Brombeerblättertee (allerdings als Heilmittel) handelt auch die Geschichte, die ich hier wiedergeben *muss*, erzählt von dem von mir sehr verehrten Schweizer Kräuterpfarrer Künzle in „Das große Kräuter-Heilbuch“ in seinem amüsanten Schweizer-Schrift deutsch:

„Eine Gräfin, die im Appenzellerland „sommerfrischelte“, schrieb in ihr Tagebuch: „Brombeerblätter wirken ausgezeichnet bei Kühen und Gräfinnen.“ Mit dem ulkigen Spruch hat es folgende Bewandtnis: Die Frau Gräfin litt seit einer Woche an – nun ja – an heftigem Abweichen (Anmerkung Kathrin Rüegg: Durchfall). Kein Mittel wollte helfen und sie wurde sehr schwach. In ihrer und der Dökter (Anmerkung Kathrin Rüegg: Künzle schrieb das mit Ö) Ratlosigkeit schickte sie ihre Zofe auf die Suche nach einem handelsüblichen Hausmittel aus. Die Zofe kam mit dem Bescheid zurück, eine Bäuerin hätte ihr Tee von Brombeerblättern angeraten, der – mit Verlaub zu sagen – ihrer Kuh im gleichen Falle auch geholfen habe. Und weil das Mittel der Gräfin geholfen hat, schrieb sie den eingangs erwähnten Vermerk in ihr Tagebuch.“ (Wieso der Herr Pfarrer davon Kenntnis bekam, wird nicht berichtet.)

KATHRINS TIPP

Ich habe es noch nie versucht, selbst Apfelessig herzustellen. Aber ich trinke jeden Morgen 2 Esslöffel Apfelessig (aus dem Bio-Laden) mit 1 Esslöffel flüssigem Honig. Das hilft mir, meine Arthrose in Schranken zu halten. Vielleicht rührt es auch daher, dass mein Hirn immer noch ziemlich fit ist.

Schiller, abgewandelt: „es lächelt der Fluss, er ladet zum Bade...“
Ich ergänzend: ...aber sein Wasser ist kahahalt...“

Hier blüht der Brombeerbusch zwar erst. Aber die Blätter sollen schon jetzt für Tee gepflückt werden.

Wilde Brombeerstauden stechen zwar. Ihre Früchte sind aber viel aromatischer. Die Beeren selbst und auch die übrigen Pflanzenteile enthalten außerdem mehr medizinische Wirkstoffe.

Zum Anbau

Brombeerstauden im Garten kann ich nur empfehlen. Sie sind in Bezug auf Erde und Klima anspruchslos, brauchen aber viel Sonne. Ich habe in meinem Garten zwei Pflanzen und ernte davon jedes Jahr gut und gern 20 kg Beeren. Die Ruten, die Früchte trugen, schneiden wir nach der Ernte bodeneben ab. Die neu getriebenen Ruten werden aufgebunden. Auch Schädlingsbefall habe ich noch nie beobachtet.

Man sammelt die Blätter (wenn möglich von wilden Brombeeren) im April und Mai und zwar ohne die Stiele. Trocknung auf Obsthurden im Schatten. Wenn sie ganz trocken sind, werden sie zerbröselt. Aufbewahrung in Schraubdeckelgläsern, die dunkel und trocken gelagert werden.

Brombeere – Sommer in einer Frucht gefangen

Brombeerblätter in der Naturheilkunde

Tee: 1 Teelöffel Blätter mit 1 Tasse kochendem Wasser übergießen, 10 Minuten ziehen lassen, abseihen. Hilft bei

- Verdauungsstörungen wie Durchfall (auch bei blutigem Durchfall als Notfallmaßnahme, bevor der Arzt konsultiert wird).
- Weißfluss (innerlich und für Waschungen)
- Hautunreinheiten (innerlich und als Umschlag)
- wirkt generell blutreinigend

Brombeeren in der Naturheilkunde

Entweder frisch oder mit Zucker eingekocht: 400 g Zucker auf 1 kg Beeren, heiß eingefüllt. Man kann sie auch in Brandy ansetzen: 3 Wochen an der Sonne stehen lassen, dann abseihen, eventuell zuckern. Sie wirken

- einschlaffördernd
- beruhigend
- stimmungsaufhellend

SCHWARZTEE NACH WILLFORT

3 Teile Himbeerblätter und ein Teil Brombeerblätter, im Frühjahr gepflückt, antrocknen lassen, mit einem Teigroller zerdrücken und mit etwas lauwarmem Wasser bespritzen. Die Blätter in ein Tüchlein einhüllen und

Brombeere: Winzig kleines Kunstwerk der Natur.

Kathrins Tipp

Dass ich es jaaa nicht vergesse, stelle ich meine Warnung an den Anfang dieses Lobliedes über die Erdbeere: Erdbeeren können Nesselfieber verursachen! Bevor man sie serviert, vergewissere man sich, ob niemand am Tisch empfindlich ist. Ich dehne diese Warnung auch auf den Tee aus Erdbeerblättern aus.

in Herdnähe 3 bis 4 Tage lang fermentieren lassen. Die Blätter erhalten einen eigenartigen Duft, der wieder verschwindet, wenn sie anschließend gut getrocknet werden. Ganz klein zerbröseln und in einem Schraubdeckelglas aufbewahren (kein Metallgefäß!). Wie Schwarztee verwenden.

WALDERDBEERE

Fragaria vesca

Walderdbeeren: Einmal mehr denke ich an meinen Vater, wenn ich Walderdbeeren entdecke. Er war es, der mir diese – im doppelten Sinne des Wortes – süßen Früchtlein zeigte und mir gleich dazu eine nette Geschichte erzählte: Das sei das Festmahl der Elfen, die unter den Erdbeerblättern wohnen würden. Aber die Elfen würden sie eben nur an hohen Festtagen essen dürfen, damit für Menschenkinder wie mich auch noch etwas davon übrig bliebe ...

Ich weiß noch ganz genau, wo wir diese Erdbeeren entdeckten: Bei einem Kahlschlag im Wald. Tags darauf gingen wir nochmals hin. Mit einem Kesselchen. Aber da war vorher schon jemand gewesen und hatte all die vielen Beeren gepflückt, die wir gestern zurückgelassen hatten. Papa tröstete mich: Vielleicht seien auch die Elfen ungehorsam gewesen und hätten sie gegessen, obwohl es doch kein Festtag war.

Außer den Walderdbeeren gab es aber bei uns noch eine Möglichkeit, Erdbeeren zu finden: Bei der Frau Wettstein. Die hatte einen ganzen, großen Garten, in dem nichts als Erdbeeren wuchsen. Natürlich war ich der Ansicht, dass wir auch in unserem Garten Erdbeeren pflanzen sollten. Da würde das Problem mit den Elfen, die sie vielleicht wegessen würden,

Ob aus dem Wald, ob aus dem Garten: Erdbeeren kann man nicht genug essen.

möglicherweise wegfallen, weil Elfen ja im Wald wohnen. Meine Großmutter war aber dagegen: Sie würden – ausgerechnet in der Zeit der Heuernte – viel zu viel Arbeit machen.

Erdbeeren in der Naturheilkunde

Willfort berichtet, dass der große Naturforscher Karl von Linné seine schweren Gichtanfälle nur mit Erdbeerkuren behandelt und geheilt hätte. Aber Erdbeeren helfen auch bei

- Nierenerkrankungen
- auch als Diätkost bei Zuckerkrankheit werden Erdbeeren empfohlen, da sie ihre Süßigkeit zumindest zum Teil dem Fruchtzucker verdanken.
- Erdbeersaft soll Asthma lindern und bei Harnverhalten helfen

Erdbeerblätter in der Naturheilkunde

Frische, zerquetschte Blätter aufgelegt helfen bei

Die Walderdbeere wird mir wohl immer die Nahrung der Elfen und Feen bleiben. Und so schmeckt sie doch auch!

- Entzündungen
- kleineren Wunden

Tee: Man pflückt Walderdbeer-Blätter um die Zeit der Sonnenwende und trocknet sie im Schatten. Aufbewahrung in Schraubdeckelgläsern an einem trockenen, dunklen Ort.
1 Teelöffel getrocknete Blätter mit 1 Tasse kochendem Wasser angießen, 10 Minuten ziehen lassen. Hilft bei

- Zahnfleischblutungen
- üblem Mundgeruch
- Magen- und Darmkatarr
- Durchfall
- Hämorrhoiden (innerlich und als Waschung)
- Leberleiden

Interessant sind auch die Anweisungen der Heiligen Hildegard: Erdbeerblätter seien „ein gutes, gesundes und überaus billiges Nahrmittel“. Wer jetzt so neugierig geworden ist wie ich, probiert das aus, sobald die nächste Erdbeersaison ansteht. Nur: soll ich dann Erdbeerblätter-Salat machen oder Erdbeerblätter-Spinat? Außerdem empfiehlt sie, Erdbeerblättertee mit Milch und Zucker zu mischen. „Dieser Tee ist von vorzüglicher Wirkung in Bezug auf unsere Gesundheit.“

ERDBEEREN MIT RAHMQUARK

- *600 g Walderdbeeren*
- *300 g Rahmquark*
- *100 ml Milch*
- *2 bis 3 Esslöffel flüssiger Honig*
- *einige Pfefferminzblätter*

Die Beeren in vier Portionenschüsselchen verteilen, dabei einige schöne Exemplare beiseite legen. Die übrigen Zutaten miteinander vermengen, über die Beeren verteilen, mit den schönen Beeren und den Pfefferminzblättern garniert servieren.

HAGEBUTTE

Rosa canina (Hunds-Rose)

Ich weiß nicht, wie oft es mich in den letzten Jahren schmerzte, wenn ich in einer Parkanlage reihenweise reife Hagebutten vor sich hinfaulen sah und keinen Mut (oder keine Zeit oder beides) hatte, um sie zu pflücken. Hagebutten-Marmelade ist doch etwas vom Feinsten, was auf einem festlichen Frühstückstisch stehen kann. Nur: Ich wage es, daran zu zweifeln, dass solche Marmelade, wenn man sie im Supermarkt kauft, wirklich nichts anderes als Hagebutten enthält. Die Arbeit, die dahinter steckt, ist derart groß, dass man die Marmelade, die echte, kaum noch bezahlen könnte, es sei denn, man importiere sie aus einem Land, wo Hilfskräfte noch zu bezahlen sind, oder es gäbe ein Maschinchen, das einem die knifflige Handarbeit abnähme, Stielende und „Fliege" der Hagebutte zu entfernen, sie aufzuschneiden, um die Kerne herauszunehmen.

In Basel – wo ich beinahe dreißig Jahr lang lebte – gab es im Herbst eine wunderbare Einrichtung: Die „Buttemoscht-Frauen". Das waren Bauernfrauen aus Himmelried (einem Ort im Baselbiet, in dem ganz besonders viele wilde Rosen wuchsen). „Buttemoscht" war das Mark der Hagebutten, das die Frauen in großen Eimern auf einem flachen Karren hinter sich herzogen. Jede Frau hatte „ihre" Straßen, wo sie jeden Herbst den Buttemoscht literweise verkaufte. Meine Mutter versäumte es nie, daraus einen Vorrat an Hagebutten-Konfitüre zu kochen. Ob es diese Frauen noch gibt? Ich glaube es kaum. Die Arbeit zur Gewinnung lohnt sich wohl auch in Himmelried kaum mehr. Schade!

Einmal mehr besteht aber da die Möglichkeit des Selbermachens. Da „weiß man dann, was drin ist". Genau wie bei Gemüsen und Früchten aus dem eigenen Garten.

Dieser Anblick: welche Wonne. Diese Arbeit: wie mühsam (aber sie lohnt sich).

Natürlich pflücken wir die Hagebutten an Waldrändern. Ich merke mir bei Wanderungen schon im Sommer, wenn die wilden Rosen blühen, wo ich dann im späten Oktober mit meinem Beerenkesselchen vorbeikommen soll. Eine weitere Möglichkeit besteht darin, die Früchte der *Rosa rugosa* (der Gärtner nennt sie auch „Kartoffelrose") zu pflücken, die als Heckenpflanze in großen Gärten und Parks anzutreffen ist.

Was Arbeit gibt, ist nicht nur das Pflücken der Hagebutten. Es ist vielmehr noch das Putzen! Man muss Stiel und Fliege entfernen, die Hagebutte längs aufschneiden, die Kerne herauskratzen. Und wenn man bedenkt, dass eine Hagebutte kaum so groß ist wie eine Kirsche, dann kann man schon mutlos werden – wäre da nicht am Ende die Marmelade. Und: Wären da nicht am Ende auch noch die Hagebuttenkerne, die wiederum ein Heilmittel für sich sind!

Hagebutten in der Naturheilkunde

Hagebuttenschalen-Tee: Diesen bereitet man, indem man die wie oben beschriebenen Hagebutten nicht zu Marmelade verarbeitet, sondern auf einem Backblech ausgebreitet, an einem warmen Ort ganz gut trocknet und dann in Schraubdeckelgläsern an einem dunklen, trockenen Ort aufbewahrt. Man verwendet sowohl die Marmelade als auch den Hagebuttenschalen-Tee bei

- Frühjahrsmüdigkeit
- Erschöpfungszuständen
- Blutarmut
- Rekonvaleszenz
- Infektionsgefahr wie zum Beispiel Grippe, Erkältungen

Hagebuttenkerne: Sie werden wie die Hagebuttenschalen getrocknet und dann ebenfalls als *Tee* verabreicht: 1 Teelöffel Hagebuttenkerne oder -schale wird mit 1 Tasse kochendem Wasser übergossen, $^1/_4$ Stunde ziehen lassen. Schluckweise während des Tages oder als Schlummertrunk trinken bei

- Gallenerkrankungen, auch Gallenstein- und Nierenstein-Erkrankungen
- Blasenleiden
- Gicht, Ischias
- Rheumatismus
- Seitenstechen

In älteren Kräuterbüchern (zum Beispiel Pfarrer Künzle) wird empfohlen, die beiden Tees $^3/_4$ Stunde lang zu kochen. Das sollte

Merke dir zur Zeit der Blüte, wo du im Herbst Hagebutten ernten kannst!

man aber meines Erachtens nicht tun, da damit ein großer Teil des darin enthaltenen Vitamin C verloren geht.

KONFITÜRE AUS HAGEBUTTEN

* *1 kg Hagebutten, Stielansatz und Kerne entfernt*
* *1/4 l herber Weißwein*
* *1 kg Gelierzucker*

Die Hagebutten mit dem Weißwein übergießen, mit einem Teller beschwert 10 Tage in den Kühlschrank stellen. Täglich umrühren. Dann mit dem Stabmixer ganz fein pürieren. Das Püree durch ein Sieb streichen. Mit dem Gelierzucker vermengen, stehen lassen, bis sich der Zucker aufgelöst hat. In heiß ausgespülte Schraubdeckelgläser abfüllen, Gläser sofort verschließen. Die Gläser mit fingerbreitem Abstand in eine Auflaufform stellen, diese zur Hälfte mit kaltem Wasser füllen. In den kalten Backofen stellen. Diesen auf 75 °C einschalten. Sobald die Aufheiz-Kontrolllampe erlöscht ist, 1 Stunde bei 75 °C sterilisieren. Im Ofen auskühlen lassen. Die einmal geöffneten Gläser im Kühlschrank aufbewahren. Rasch verbrauchen.
Natürlich kann man die Hagebuttenkonfitüre auch – wie jede andere Konfitüre – mit Gelierzucker einkochen. Der Vitamingehalt bleibt aber bei der obenerwähnten Methode höher.

HEIDELBEERE

Vaccinium myrtillus

Ein bisschen – aber nur ein kleines bisschen – übertreibe ich, wenn ich sage, dass ich sozusagen zwischen Heidelbeer- und Alpenrosenstauden aufgewachsen bin. Walderdbeeren waren im Frühsommer schon reine Wonne. Und dann im Herbst die Heidelbee-

Seufz: Wenn es doch nicht so viel Arbeit gäbe. Daraus Marmelade herzustellen ...

ren. Einmal habe ich meinen Papa gewaltig erschreckt während der Zeit, wo die Heidelbeeren reif waren! Das kam so: Wir hatten jeden Sommer einen „Hüterbuben“. Das war ein etwa 12 Jahre alter Junge aus einer kinderreichen Familie, die froh war, wenigstens eine Zeitlang einen Esser weniger am Tisch zu haben. Dieser Bub hatte unter anderem die wichtige Aufgabe, gegen Abend unsere Kühe, die zu dieser Jahreszeit natürlich auf der Alp weideten, zum Alpstall zu treiben, wo Papa und unser Knecht sie dann molken. Zur Zeit der Heidelbeerreife begleitete ich den Hüterbuben (er hieß – wie könnte es denn anders sein – Peter), denn auf der Alpweide hatte es Heidelbeeren – sozusagen meilenweit. Wir nahmen Kesselchen mit, sammelten Beeren,

Wie viele Schweißtropfen hat es wohl gekostet, diesen Weg so zu bauen?

die dorthin wanderten – und – ich glaube, das waren noch viel mehr – die in unseren Magen versorgt wurden. Peters Gesicht sah jeweils aus wie nach einer gewaltigen Schlägerei. Ich lachte ihn aus.
„Guck doch einmal *dein* Gesicht an“, erwiderte er.
„Hab keinen Spiegel“, brummte ich.
„Da – dann schau doch in den Brunnen!“ Ich schaute. Dann schwieg ich, versuchte verschämt, die blauen Flecken wegzuputzen.

Als wir endlich mit den Kühen beim Stall ankamen, fand ich einen total verzweifelten Papa vor. Er hatte Sämi, den Knecht, schon ausgeschickt, um uns zu suchen. Eine Dreiviertelstunde waren wir zu spät mit unserer Herde beim Stall angekommen. Auch die Heidelbeeren aus dem Kesselchen konnten Papa nicht trösten. Nach einer Weile kam auch Sämi. Eigentlich hätte er die Glocken unserer Kühe ja hören können, aber – auch er hatte ein total blaues Gesicht – wie nach einer Schlägerei ...!
Über den Anbau von Heidelbeeren habe ich kein Wort zu verlieren. Sie wachsen ja wild und gottlob immer noch in einer solchen Menge, dass die Menschheit sich noch eine Zeitlang davon ernähren könnte. Könnte. Wenn sie nicht zu faul wäre, Heidelbeeren zu pflücken!!
Es gibt allerdings auch eine Form der Heidelbeere, die kultiviert werden kann. Aber eigentlich ist sie botanisch eine andere Heidelbeere und hat auch deren Heilkräfte nicht. Deshalb gehört sie auch nicht in dieses Buch.

Heidelbeeren in der Naturheilkunde

Pfarrer Künzle empfiehlt frische Heidelbeeren zur Blutreinigung und als leichtes Abführmittel, getrocknete Heidelbeeren gegen Durchfall.

Also: Für Heidelbeermarmelade nehme ich Rückenschmerzen, die es beim Pflücken gibt, gerne in Kauf.

Getrocknete Heidelbeer-Blätter für Tee soll man im Sommer sammeln, bevor die Beeren reif sind.

Tee aus Heidelbeerblättern: 1 Teelöffel Blätter auf 1 Tasse kochendes Wasser, 10 Minuten ziehen lassen, abseihen, soll wirken bei

- Haarausfall (äußerlich angewendet)
- Mundfäule (zum Gurgeln, nicht schlucken!)

Und dann fügt er noch bei: „Getrocknete Heidelbeerblätter duften wie Rosen."

Dreimal darf jeder Leser raten, was ich im nächsten Sommer machen werde ...

Pfarrer Kneipp empfiehlt Tee aus getrockneten Heidelbeeren (2 Esslöffel getrocknete Beeren mit $^1/_2$ l Wasser 10 bis 15 Minuten lang kochen, durchseihen) und den Tee über den Tag verteilt getrunken bei Durchfall, auch bei Säuglingen. „Sobald die Stühle der Säuglinge sich reichlich blau färben, pflegt die Wirkung voll eingetreten zu sein. Dabei haben die Heidelbeeren noch den Vorteil, dass sich die gerbende Wirkung gleichzeitig am After bemerkbar macht und dort das so lästige Wundsein der Kinder behebt."

Eine weitere, von Willfort empfohlene Darreichungsform der Heidelbeere ist der Heidelbeerwein. Genaue Anleitungen zum Selbermachen von Heidelbeerwein habe ich leider nicht gefunden. Eigentlich (eigentlich!) sollte man solchen Wein in heidelbeerreichen Gegenden kaufen können. Aber ich habe ihn bisher noch nirgends gefunden. Trotzdem zähle ich die Krankheiten auf, gegen die er wirksam sein soll:

- alle akuten oder chronischen Magen- und Darmerkrankungen
- Appetitlosigkeit
- Schwächezustände

Und als letztes sei noch der Heidelbeer-Rohsaft erwähnt, den man in frischer oder „durch richtige Sterilisation konservierter" Form verwenden kann. Rezept siehe unten. „Ein hervorragendes Heilmittel von vielseitiger Heilwirkung."

Daraus ein Glas Heidelbeermarmelade. Das gehört einfach auf den weihnachtlichen Frühstückstisch...

- als Spül- und Gurgelmittel bei Rachen-, Kehlkopf- und Halskatarr
- bei Zahnfleischentzündungen
- bei Mundfäule
- gegen Raucher-Mundgeruch

Heidelbeer-Rohsaft

Die Beeren im Dampfentsafter entsaften und – direkt aus dem Entsafter – in ganz heiß ausgespülte, ganz saubere Flaschen (Inhalt 200 oder 350 ml Inhalt, nicht größer wegen Schimmel-Gefahr) mit Bajonett-Verschluss abfüllen. Dunkel, kühl und trocken aufbewahren.

Ich weiß, dass der Waldmeister eigentlich hier nicht passt, aber ich habe ihn unter den Himbeeren gefunden und er duftet doch so gut!

HIMBEERE

Rubus idaeus

Die Himbeeren nehmen in meinem Garten einen gewichtigen Teil in Anspruch: Einerseits von der Fläche her gesehen, die wir dort brauchen, andererseits vom Arbeitsaufwand her, der nicht unbeträchtlich ist. Aber dieser Aufwand lohnt sich hundertfach!

Sommersüße pur! Und jetzt bitte nicht an die Arbeit denken.

Bei Pfarrer Künzle habe ich eine der für ihn so typischen und liebenswerten Bemerkungen zum Himbeerstrauch gefunden:
„Da die Himbeeren auf dem Markte schlanken Absatz finden, zu guten Preisen, so bieten sie für Klein- und Bergbauern eine leider selten ausgenützte Neben-Einnahmequelle. Die Himbeeren gedeihen in den Alpendörfern Graubündens so gut wie im sonnigen Thurgau. Manches Bergburli (Anmerkung Kathrin Rüegg = Bergbäuerlein) jammert über schlechte Zeiten, könnte sich aber mit einigen hundert gut gepflegten Himbeerstöcken leicht aus der Not helfen ..."
Also, jetzt weiß ich's: Ich bin ein Bergburli im Tessin, das sich aus der Not zu helfen wüsste ..., wenn zur Zeit der Himbeerreife nicht jeder Bauer schon für die jetzt fälligen übrigen Landarbeiten mindestens zehn Hände bräuchte und wenn der Weg zum Absatzmarkt nicht zu weit wäre. Himbeeren faulen leider sehr rasch.
Wir haben den Vorteil, unsere Himbeeren selbst verarbeiten und dann als Marmelade

oder Sirup oder Likör oder Essig selbst absetzen zu können.

Zum Anbau

Die Stauden bezieht man am besten in einer Staudengärtnerei, die auch beraten kann, welche Sorte für die Lage des Gartens am geeignetsten sei. Ich kenne eine solche Firma, die sich auf Pflanzen für alpine bis hochalpine Lagen spezialisiert hat. Ausländische Angebote – und seien sie auch in noch so verführerischen Katalogen abgebildet – lassen sich vielleicht in weniger extremen Gebieten anbauen. Aber hier versagt für einmal meine Experimentierlust, die möglicherweise großen Arbeitsaufwand und Spesen für kleinen Ertrag und damit Enttäuschungen zur Folge hätte.

Die wachsenden Schosse werden an vier im Abstand von 40 cm quer gespannten Drähten immer wieder aufgebunden.

Wir pflücken die reifen Beeren täglich und beachten es, sie sofort zu verarbeiten oder sofort einzugefrieren. Nach der Ernte werden die Ruten, die getragen haben, bodeneben abgeschnitten. Von den neuen Schösslingen lässt man pro Laufmeter die acht kräftigsten stehen und bindet sie im Herbst auf.

Himbeeren in der Naturheilkunde

Himbeerblätter als Tee: 1 Teelöffel getrocknete, zerriebene Blätter auf 1 Tasse kochendes Wasser, 10 Minuten ziehen lassen, abseihen. Hilft bei denselben Krankheiten wie Brombeerblättertee (Seite 87), ist aber milder, außerdem bei

- Keuchhusten
- Skorbut
- zur Blutreinigung

Himbeeren roh oder getrocknet: Als Diätkost bei

- Nierenkrankheiten
- Zuckerkrankheit

Gelbe Himbeeren: ob die ebenso gut schmecken, wie die roten?

- Verstopfung
- Magen- und Gallenleiden
- Rheuma

Himbeersirup aus Früchten: 7 Teile Saft und 5 Teile Zucker, miteinander zu Sirup eingekocht bei

- Fieber
- Magen- und Gallenleiden

Himbeeressig: Obiger Sirup mit der doppelten Menge Essig vermengt, mit Wasser verdünnt, bei

- Fieber
- Herzproblemen
- zum Gurgeln bei Halsentzündung

HIMBEERGELEE

Wer gerne einkocht, braucht heutzutage zur Saftgewinnung aus Früchten den Dampfentsafter, ein Gerät, das ich nicht mehr missen möchte. Ich nehme

* *1 l Saft*
* *800 g Zucker und*
* *1 Geliermittel*

Das genaue Einkochverfahren variiert je nach den verwendeten Geliermitteln (ich nehme Apfel-Pektin). Deshalb empfehle ich hier, der Rezeptur auf der Packung des Geliermittels zu folgen.

Holunder-Sirup: 7 Blütendolden in $1^{1}/_{2}$ l Wasser 2 Tage stehen lassen, abseihen, mit 30 g Zitronensäure und 2 kg Zucker aufkochen. Bei Bedarf abschäumen, dann abfüllen. Fertig. 1 Jahr haltbar.

SCHWARZER HOLUNDER

Sambucus nigra

Holunder ist *die* Volksheilpflanze schlechthin und spielt – nebenbei bemerkt – auch in der Mythologie eine beachtliche Rolle. Das mag einerseits mit der vielseitigen Verwendungsmöglichkeit seiner Blüten und Beeren als Nahrungsmittel zusammenhängen – andererseits natürlich auch mit deren Heilwirkungen. „Hut herunter vorm Holunder" predigt „mein" Pfarrer Künzle.

Kathrins Tipp

Holunderbeeren, frisch und ohne Zusatz genossen, können Magenschmerzen verursachen. Man kocht sie deshalb entsprechend ein, zu Mus (das man mit Pellkartoffeln und Butter isst), Marmelade oder Gelee (siehe Rezepte am Schluss dieses Kapitels).

Zum Anbau

Und bei all den Lobliedern, die schon seit vorchristlicher Zeit (zum Beispiel Theophrast von Eresos, 370 bis 285 v.Chr.) dem Holunderstrauch gesungen worden sind: Ich kenne kaum eine anspruchslosere Pflanze. Wir haben rings um mein Haus Holunderbüsche gepflanzt: Auf der Nordseite des Hauses, da wo nur im Hochsommer ein paar Sonnenstrahlen auf ihn treffen, in einem Bachbett, wo bei Hochwasser seine Wurzeln vom Wasser blankgelegt werden, in der prallen Sonne, wo er Schatten spenden soll. Und die Pflanzen bestanden aus Schösslingen, die wir im August von lieben Freunden erhielten. Ich sag's ja: Bescheidener geht's nimmer!

Holunder in der Naturheilkunde

Holunderblüten-Tee: Aus frischen oder getrockneten Holunderblüten, 1 Teelöffel auf 1 Tasse kochendes Wasser, 10 Minuten stehen lassen, abseihen

- senkt das Fieber
- treibt den Schweiß und ist daher gut für Rheumatiker
- hilft bei Grippe und Erkältung
- Asthma und Atemnot
- lindert Keuchhusten
- hilft auch bei Masern und Scharlach
- warm im Mund behalten gegen Zahnschmerzen

Holunderblüten-Umschlag: 1 Handvoll Holunderblüten auf ein Gazetuch legen, dieses falten, mit einem Teigroller die Blüten zerquetschen, den Umschlag auf den entzündeten After legen, lindert

- Hämorrhoiden

Holunderbeeren, getrocknet

- stillen den Durchfall

Holunderbeerwein

- vorzügliches Stärkungsmittel
- hilft bei Appetitlosigkeit
- behebt Kreislaufstörungen

- schützt vor Grippe und Bronchitis
- hilft bei Schlaflosigkeit
- fördert die Verdauung

Holunderbeersirup und Holunderlatwerge

- helfen bei Husten

Holunderbeersirup

Die Beeren im Dampfentsafter entsaften. Auf 1 l Saft 400 g Zucker beigeben, 5 Minuten sprudelnd kochen. Heiß in ganz saubere, heiß ausgespülte Flaschen mit Bajonettverschluss abfüllen, sofort verschließen. Kühl, dunkel und trocken aufbewahren. Hin und wieder auf Schimmelbefall kontrollieren. Mit $^2/_3$ Wasser oder Apfelsaft verdünnt trinken.

Kathrins Tipp

Über den roten Holunder,
Sambucus racemosa:
Diese Holunderart gedeiht auch noch über der Waldgrenze. Wir haben ihn – ebenfalls durch Stecklinge – auch in unserem Garten angebaut. Ich führe ihn hier auf, um darauf aufmerksam zu machen, dass davon nur der Saft für (ein ganz vorzügliches) Gelee verwendet werden darf. Die Kerne der Beeren enthalten einen Stoff, der unverträglich ist und nach Genuss von Beerenmus Schläfrigkeit und Übelkeit verursachen kann.

HOLUNDERBEER-LATWERGE

- *Holunderbeeren, entstielt*
- *Wasser*
- *Zucker*

Die Beeren im Kochtopf mit kaltem Wasser bedeckt so lange kochen, bis sie platzen. Über Nacht stehen lassen. Durch ein Tuch abseihen. Das Tuch gut ausdrücken. Die Saftmenge messen, $^2/_3$ des Gewichts als Zucker beigeben. Einkochen, bis die Latwerge in zähflüssigen Tropfen vom Löffel fällt. Heiß abfüllen, gut verschließen, dunkel und trocken aufbewahren.

Einerseits ist das ein feiner Brotaufstrich, andererseits ergibt sie, mit heißem Wasser verdünnt, auch einen schleimlösenden Sirup gegen Husten und Bronchitis.

Auf diesen Baum bin ich stolz: Ich habe ihn selbst aus einem Steckling gezogen.

Johannisbeeren: Sauer aber oho! (Siehe die vielen wertvollen Eigenschaften.)

Hut ab vorm Holunder

ROTE JOHANNISBEERE

Ribes rubrum

Die Früchte dieses Strauchs haben einen bezeichnenden Namen: Sie sollen am Johannistag reif sein. Sollen. Das mag in gemäßigteren Zonen der Fall sein. Bei mir wird es anfangs August, bis wir die „Meertrübeli" – so heißen sie auf Schweizerdeutsch – ernten können.

Zum Anbau

Offenbar sind die Erde und das Klima in meinem Tessiner Garten für den Anbau von Beeren aller Art ganz besonders geeignet.

Ich habe sowohl rote als auch schwarze Johannisbeeren, die mir jedes Jahr eine reiche Ernte ermöglichen. Wichtig ist, dass die verholzten Ruten nach der Ernte ausgeschnitten werden.

Rote Johannisbeeren ertragen offenbar raueres Klima als ihre schwarzen Verwandten. Im Beerengarten, den mein Vater in der Nähe von Langwies (bei Arosa, auf etwa 1.300 m ü. M.) hatte, gediehen nur die roten. Ich durfte damals jeweils bei der Ernte helfen und hatte mein eigenes kleineres Beerenkörbchen mit zwei nebeneinander liegenden Henkeln, durch die Papa eine Schnur gezogen hatte, damit ich es um die Taille binden konnte und so beide Hände für die Erntearbeit frei hatte. Die Beeren – viele Eimer voll – mussten wir etwa eine halbe Wegstunde weit tragen, dann mit der Eisenbahn nach Arosa transportieren. Am Bahnhof holte uns unser Knecht mit dem Pferdewagen ab.

Wir fuhren nach Hause, um, kaum dort angelangt, mit dem Einmachen der Beeren zu beginnen. Um die Stiele zu entfernen, musste ich die Träubchen durch eine gebogene Haarnadel ziehen.

Dann wurden sie verarbeitet, hauptsächlich zu Gelee, ein Teil auch zu Sirup, aus einem Teil backte unsere Köchin die Erst-August-Torte, die aussah wie eine (zwar runde) Schweizer Fahne: Belag aus roten Johannisbeeren und ein weißes Kreuz aus Schlagrahm in der Mitte. Ein paar Kilogramm dörrte meine Großmutter, um ein Mittel gegen den verdorbenen Magen zur Verfügung zu haben. Allerdings: Wenn mein Magen verdorben war, halfen sie nicht, wohl aber, wenn Papa darunter litt. Weshalb? Das zu wissen wäre – für mich wenigstens – interessant.

Und damit bin ich auch schon beim Thema:

Johannisbeeren in der Naturheilkunde

Sirup aus roten Johannisbeeren soll das Zahnfleisch stärken, sofern man ihn – mit Wasser verdünnt, als Gurgelwasser verwendet. Außerdem nahmen wir ihn mit als Durstlöscher beim Heuen. Das sei gescheiter als saurer Most (der ja Alkohol enthält) und lösche den Durst erst noch besser. Wer fragt da noch? Natürlich war das die Ansicht meiner Großmutter.

Aber rohe Johannisbeeren können noch mehr:

- sie steigern den Appetit
- regen die Darmtätigkeit an
- ihr hoher Gehalt an Vitamin C hilft bei der Grippe-Vorbeugung
- sie sind fiebersenkend
- laut den Lehren der Hl. Hildegard sind Johannisbeeren (auch schwarze) wirksam bei Gicht (sie nennt den Strauch „Gichtbaum“), „allerdings nur zusammen mit anderen Früchten, die damit einen um so höheren Nutzwert als Heilmittel bekommen“.

Und da taucht dann meine (vielleicht ketzerische) Frage auf, wie man im 12. Jahrhundert, also zur Zeit, wo die Heilige Hildegard Äbtissin in Bingen war, „Nutzwerte von Heilmitteln“ überhaupt hat prüfen können ...?

Dass es auch weiße Johannisbeeren gibt, habe ich erst bei der Auswahl der Fotos für dieses Buch erfahren. Die Wirkungen auf die Gesundheit sind diesselben wie bei den roten.

Ein Tipp: Konfitüre kochen aus $^2/_3$ Kirschen und $^1/_3$ Schwarzen Johannisbeeren. Schmeckt umwerfend.

ERST-AUGUST-TORTE

Tortenboden:

- *150 g Butter, zimmerwarm*
- *225 g Mehl*
- *75 g Zucker*
- *1 Ei*

Belag:

- *2 Handvoll geschälte, geriebene Mandeln*
- *250 g Zucker*
- *2 Eigelb*
- *2 Eiweiß, ganz steif geschlagen*
- *400 g Johannisbeeren, entstielt*
- *200 ml Rahm, steif geschlagen*

Wie viele Gläser Kopfwehmittel werde ich mit diesen Johannisbeerblättern wohl machen können?

Teig: Alle Zutaten für den Tortenboden miteinander gut vermengen, ausrollen, eine Springform (Durchmesser 24 cm) damit auslegen, dabei am Rand hochziehen, mit einer Gabel Löcher einstechen. Mandeln, Zucker und Eigelb miteinander vermengen, das geschlagene Eiweiß unterheben. Auf den Tortenboden geben, dann die Johannisbeeren darauf legen, im auf 180 °C vorgeheizten Ofen auf der untersten Rille mit Unterhitze backen. Vor dem Servieren den Rahm als Schweizerkreuz aufspritzen. (Ein Schweizerkreuz besteht aus fünf kreuzweise aneinandergereihten Quadraten. Falls die Bäckerin das nicht so genau hinkriegt: Man isst es ja doch bald – und mit Genuss.)

SCHWARZE JOHANNISBEERE

Ribes nigrum

Diese Beerenart habe ich erst kennen gelernt, als ich – das sind jetzt auch schon viele Jahre her – im Tessin im Urlaub war. Und zwar, weil ich Kopfweh hatte. Meine Zimmerwirtin drückte mir, als ich deswegen jammerte, ein kleines Konfiturenglas in die Hand. Da waren schwarze Beeren in einer wasserklaren Flüssigkeit drin. „Da, du wirst sehen, das hilft dir ganz schnell. Jetzt einen Teelöffel voll Schnaps („aha“!) und Beeren, in einer halben Stunde nochmals. Du wirst sehen, das hilft dir bestimmt!“

Es half! Und dann bekam ich auch die Erklärungen: „Die schwarzen Beeren“ waren schwarze Johannisbeeren vom Garten, um die Mittagszeit gepflückt und dann sofort – aber sofort – in möglichst hochprozentigem (das heißt, im Tessin: In selbstgebranntem) Grappa eingelegt. Glas zugeschraubt. Fertig. Ich bin zwar ein medizinischer Laie, aber ich versuche mir doch zu erklären, worauf diese Wirkung beruht: Es könnte (es könnte!) sein, dass es der hohe Gehalt an Vitamin C ist, vielleicht hilft auch der hochprozentige Grappa dabei, der die verkrampften Gefäße zu lösen vermag. Aber eigentlich war und ist es doch die Hauptsache, dass das Mittel mir schneller geholfen hat als jede Kopfwehpille. Auf alle Fälle habe ich in keinem der vielen Kräuter-Heilmittelbücher einen Hinweis gefunden, dass die schwarzen Johannisbeeren bei Kopfschmerz wirksam sein sollen. Allerdings finde ich bei Willfort folgende Indikationen für Früchte oder Saft:

- Nierenleiden und Kolikschmerzen
- bewirkt erhöhte Urinausscheidung
- ist blutreinigend

Während den Blättern der roten Johannisbeere keinerlei Heilkräfte zugeschrieben werden, wird den Blättern der schwarzen Johannisbeere ein großes Loblied gesungen. Man soll die Blätter im Juni sammeln, „aber niemals die Stängel". Auch soll man darauf achten, „dass die Blattunterseiten nicht vom Kronrost, einem Pilz, befallen sind".

Tee aus getrockneten Blättern der schwarzen Johannisbeere: 1 Teelöffel getrocknete Blätter auf 1 Tasse heißes, aber nicht kochendes Wasser, 5 Minuten ziehen lassen hilft bei

- Arterienverkalkung
- Wassersucht
- schmerzhaftem Urinieren
- Diarrhöen, Koliken
- krampfhaften Hustenanfällen (auch Keuchhusten)
- Blasenleiden
- Migräne (also doch!)

Zur gleichen botanischen Gattung (*Ribes*) wie rote und schwarze Johannisbeeren gehört auch die

Stachelbeeren: Die Warnung im Kasten beachten!

STACHELBEERE

Ribes uva-crispa

Die Heilwirkungen dieser Pflanze sind in der mir zur Verfügung stehenden Literatur nirgends besonders hervorgehoben, dagegen eine ernst zu nehmende Warnung:

> *Vorsicht: Der Genuss von unreifen Stachelbeeren und unmittelbar darauf Wasser getrunken (wahrscheinlich, weil solche Beeren nicht gut schmecken) kann zu schwersten Darmerkrankungen, ja zu Todesfällen, führen. Dies, weil die durch das Wasser verdünnten Verdauungssäfte der Gärung der Früchte im Darm nicht entgegenwirken können. Die sich entwickelnden Gase führen zu einer übermäßigen Dehnung des Darmes und schließlich zu einer Lähmung.*

KIRSCHE

Prunus avium

Was meine Großmutter über die Heilkraft der Kirsche wusste, muss sie von ihrer Großmutter erfahren haben. Bei Pfarrer Künzle finde ich keinen Hinweis dazu.

Wie sorgsam ging man doch früher mit den Gaben der Natur um: Mit dem Harz der Kirschenrinde machte man ein Einreibemittel gegen Kopfschuppen ... (und heute??).

Kirschen waren in meiner Kindheit (und sind es jetzt noch) etwas ganz besonders Kostbares. Bei uns wuchsen natürlich keine Kirschbäume, aber Verwandte meiner Großmutter brachten uns jeweils ein paar Körbe davon. Und die mussten sofort verwertet werden.

Ich weiß nie, wann ich den Kirschbaum lieber mag: Als Blütenstrauch im Frühling oder als Lieferant der Früchte.

Mir stand – wie bei den Johannisbeeren – wieder einmal eine Arbeit mit der Haarnadel bevor: Kirschen entsteinen! Zuerst musste ich natürlich den Stiel entfernen. Aber weder Stiele noch Steine durften weggeworfen werden! Oh nein! Beides wurde – separat natürlich – auf Backblechen getrocknet. Weshalb? Siehe weiter unten: Kirschen in der Naturheilkunde.

Zum Anbau

Wieder einmal meine eigenen Erfahrungen: Mein Kirschbaum ist ein sehr eigenwilliger Geselle. Manchmal trägt er fünf, sechs Jahre lang überhaupt nichts. Allerdings: Ich tue ihm Unrecht, wenn ich ihn eigenwillig schelte. Er kann ja schließlich nichts dafür, wenn seine Blüten erfrieren.

Bessere Erfahrungen mache ich mit dem Weichselkirschbaum (*Prunus cerasus*), einer Sauerkirsche. Vermutlich einfach deshalb, weil er zwei, drei Wochen später blüht. Und Weichselkirschen sind ja auch nicht zu verachten. Insbesondere, weil man ihre Kerne und Stiele für genau dieselben Zwecke verwenden kann, wie diejenigen der süßen schwarzen und roten Kirschen.

Kirschen in der Naturheilkunde

Natürlich kann man jetzt darüber streiten, ob die Bettflasche schon zur Medizin gehört. Nicht immer wenigstens. Aber doch, wenn es gilt, irgendein Körperteil oder auch das Krankenbett warm zu halten.

Die getrockneten Kirschensteine wurden nämlich lose in Stoffsäckchen eingenäht. Diese erwärmte man im Kachelofen. Das kann man aber auch im Backofen bei 50 °C machen. Dann dienen sie also als Bettwärmer. Man brennt sich kaum an einem Kirschkernsack. Er bleibt viel länger warm als eine gewöhnliche Bettflasche und überhaupt – „seine Wärme ist doch viel gesünder“. Das be-

hauptete zumindest meine Großmutter ...
Die getrockneten Kirschenstiele als Tee

- sollen gegen Durchfall wirken
- harntreibend sein

Gedörrte Weichselkirschen helfen bei

- Husten
- Durchfall
- Harnverhalten

Wenn ich all diese heilsamen Verwendungsarten aufzähle, fällt mir bei den Kirschsteinen und –stielen vor allem auf, wie sorgsam man früher mit den allerkleinsten Gaben der Natur umgegangen ist. Ein „Früher", das bloß zwei, drei Generationen zurückliegt. Dann macht es mir Angst, wenn ich an unsere heutigen Wegwerfgewohnheiten denke. Und noch mehr Angst, wenn ich mir vorzustellen versuche, wie es nach weiteren zwei, drei Generationen auf unserer Welt aussehen wird. Meine fünfzehn Jahre ältere Nachbarin Emilia ist da wahrscheinlich klüger als ich: Als wir letzthin über ein solches Problem sprachen, sagte sie ganz kühl: „Darüber mache ich mir doch keine Sorgen. Das erlebe ich ja sowieso nicht mehr ...."

QUITTE

Cydonia oblonga

Einmal mehr mache ich die interessante Feststellung, dass es Pflanzen gibt, die in bestimmten Kräuterbüchern sozusagen auf dem Siegertreppchen stehen, in anderen überhaupt keiner Erwähnung würdig sind.
Die Quitte zum Beispiel gehört dazu. Die Heilige Hildegard lobt sie, Richard Willfort widmet ihr immerhin zwei Seiten, in italienischen Kräuterbüchern und auch bei den Pfarrern Kneipp und Künzle und vielen andern wird sie überhaupt nicht erwähnt. Im Inhaltsverzeichnis nach den Pflanzennamen kommt nach dem P sofort das R. Und basta!
Vielleicht stimme ich die Heilige Hildegard

Für mich ist die Quitte wie ein zuverlässiger, lieber Freund, der – ein bisschen plump scheinend zwar – jedes Jahr getreulich seine seltsam geformten Früchte liefert.

jetzt versöhnlicher (weil ich den von ihr eigentlich verdammten Lauch verteidigt habe), wenn ich „ihrer" Quitte dieses Kapitel widme.

Zum Anbau

Vielleicht ist meine Theorie falsch: Italienische Autoren erwähnen die Quitte und deren Heilwirkungen nicht, weil sie den Quittenbaum nicht kennen. Dabei sei sie aus Griechenland über das südliche Italien zu uns gekommen. Ich muss es gestehen, ich habe mich noch nie zur Zeit der Quittenreife in Italien aufgehalten, weiß also nicht, ob die Früchte dort überhaupt auf den Markt gebracht werden. Hier hatte ich etliche Mühe, in einer Baumschule einen Quittenbaum zur Anpflanzung in meinem Garten überhaupt zu finden. Einen zweiten haben mir Freunde aus dem Schwabenland mitgebracht.

Anmutig geformt ist die Quitte ja nicht. Und beim Zerreiben auch noch widerspenstig! Aber dafür birgt sie ein herrliches, zartes Aroma.

Und dabei gedeihen sie, angepflanzt wie meine andern Obstbäume (siehe Apfelbaum, Seite ...) seit mehr als einem Jahrzehnt vorzüglich.

Ich kenne keinen bescheideneren Obstbaum als die Quitte. Zudem hat sie den Vorteil, spät zu blühen, die Blüten sind also noch nie erfroren. Das heißt, wir ernten jedes Jahr so viele Quitten, dass wir den Segen kaum meistern können.

... Und dann fahre ich Ende Oktober durch Gegenden, zum Beispiel bei Ludwigsburg, da stehen zwar viele Quittenbäume, aber ihre Früchte liegen verfaulend am Boden.

Quitte in der Naturheilkunde

Die Heilige Hildegard sagt: „Ihre Frucht ist warm und trocken und hat eine feine Ausgeglichenheit in sich, und wenn sie reif ist, verletzt sie, roh gegessen, weder den Kranken noch Gesunden; gekocht und gedörrt aber hilft sie dem Kranken und dem Gesunden. Wer Rheuma hat, esse fleißig die Quitten, gekocht oder gedörrt, und sie räumt mit den Giftstoffen so gründlich in ihm auf, dass die Gicht sich weder auf sein Nervensystem noch auf seine Gelenke schlägt und sie zerstört und angreift."

Auf modernes Hochdeutsch übersetzt: Quitten roh oder gekocht sind ein allgemeines Stärkungsmittel.

Quitten gekocht oder gedörrt helfen bei

- Rheuma und Gicht

Richard Willfort erwähnt nicht nur die Heilkraft der Früchte an sich. Auch die Kerne und sogar das Laub der Quitte bergen medizinische Fähigkeiten.

Früchte roh und gekocht

- mildern Durchfälle

Früchte gebraten

- beseitigen das Aufstoßen
- heilen, regelmäßig eingenommen, Blutarmut

Früchte gekocht

- sind menstruationsfördernd

Fruchtsaft mit gleichen Teilen Zucker eingekocht (also Quittengelee)

- hilft bei Hals- und Brustleiden

Die Haut der Früchte

- stillt Blut bei Verletzungen

QUITTENLIKÖR NACH DEM REZEPT DER HEILIGEN HILDEGARD

- *1 kg Quitten (Birnquitten)*
- *1 l Wasser*
- *1 l Weingeist (Alkohol 70%)*
- *3/4 kg Zucker*
- *1 Zimtstange*
- *1 Esslöffel Gewürznelken*

Die Früchte zerkleinern, im Mixer pürieren, mit dem Weingeist übergießen. Zugedeckt mindestens 8 Tage durchziehen lassen. Den Alkoholsaft abseihen und die Fruchtrückstände gut auspressen. Zucker und Gewürze mit dem Wasser kurz aufkochen, alles miteinander vermischen und in Flaschen abgefüllt an einem Platz mit Raumtemperatur gut ver-

schlossen zwei bis drei Wochen ziehen lassen. Nochmals abseihen, wieder in die Flaschen zurückgießen und am besten rund drei Monate ruhen lassen.
Ob sich die Heilige Hildegard mit mir jetzt wieder etwas versöhnen kann?

WALNUSS

Juglans regia

Der Walnussbaum ist – gleich in zweifacher Form – mein „Hoflieferant"! Einerseits steht ein wunderschöner, sicher mehr als einhundertjähriger Prachtkerl in meinem Hof. Er streckt seine Äste weit über den Dachteil meines Hauses, unter dem ich schlafe.
Und andererseits liefert er uns Nüsse, und es ist eine ganze Apotheke in ihm versteckt. Zu Heilzwecken verwenden lassen sich nämlich die Kätzchen (Walnuss-Blüten), junge Triebe, unreife und reife Nüsse, von Letzteren auch noch die Kreuzlein (die die reifen Nüsse in vier Teile teilen), die Blätter, die Wurzeln.
Zudem kann ich die Blätter und die grünen Schalen der reifen Nüsse zum Färben von Wolle verwenden.
Und nun darf man mich einmal mehr auslachen und sagen, dass ich spinne: Ich bin fest davon überzeugt, dass einem Nussbaum noch andere geheimnisvolle Kräfte innewohnen. Wenn ich mich an den Stamm meines

Nicht vergessen: Die Kreuzchen, die die Nuss teilen, als Kopfwehtee verwenden.

Einfachstes Mücken-Abwehrmittel: Ein Walnussblatt auf der Haut zerreiben.

Nussbaums lehne oder ihn umschlinge, habe ich das Gefühl, dass von ihm zu mir ein Kraftstrom dringt. Etwa so, wie wenn meine beinahe leere Batterie an ihm aufgeladen würde. Es mag ja sein, dass nicht alle Menschen das spüren können. Ich bin im Zeichen der Fische geboren. Und die seien besonders empfindsam. Auch wenn sie – wie ich – sich im Laufe der Jahrzehnte eine ganz harte Schale über die Empfindsamkeit haben wachsen lassen müssen. Beim Berühren meines Nussbaums ist diese Schale geöffnet. Wie die Schale einer Nuss.

Zum Anbau

Vom eigentlichen Anbau kann hier natürlich nicht die Rede sein. Es sei denn, jemand hätte die Absicht, einen solchen Baum für seine zukünftigen Enkel und Urenkel anzupflanzen. Aber dann muss er sich vorsehen, denn ein Nussbaum braucht viel, viel Platz. Manchmal bin ich neugierig, wie weit seine Wurzeln ins Erdreich dringen. Mein Hof ist – auch rings um den Baum – mit Granitplatten belegt, die aber nicht mit Zement ausgefugt sind. In den Zwischenräumen der Fugen haben wir Gras angesät – und hie und da schaut auch ein Bärlauchblatt daraus hervor. Das Wasser, das durch die Fugen dringt, genügt ihm offenbar.

Mein Baum und ich!

Allerdings – und auf das muss ich hier hinweisen, vor etlichen Jahren war der Baum krank. Die Blätter bekamen, kaum waren sie im Frühjahr gesprossen, dürre Flecken. Ein anthroposophischer „Baumdoktor" hat ihm (und damit auch mir) geholfen. Er brachte mir etwa ein Dutzend Nägel, etwa in der Form der Nägel, wie man sie zum Befestigen von Dachpappe braucht. Sie wurden spiralförmig um den Baum herum eingeschlagen. Einen Teil davon sieht man auch jetzt noch. Und vom folgenden Jahr an war der Baum wieder gesund und ist es immer noch. Die Nägel seien „bestrahlt" worden, erklärte mir der Baumarzt. Wie und mit welchen Strahlen hat er mir nicht verraten.

Walnuss in der Naturheilkunde

Junge Triebspitzen fein zerhackt, 3 bis 4 Tage in Schnaps eingelegt, abgeseiht, täglich 1 Esslöffel mit 4 Esslöffel Wasser verrührt und täglich zweimal eingerieben helfen gegen

- Haarausfall

Tee aus frischen oder getrockneten Blüten: 3 Blüten übergossen mit 1 Tasse kochendem Wasser, 10 Minuten ziehen lassen, getrunken und als Waschung helfen bei

- Weißfluss

Grüne Schale unreifer Nüsse: Wir verwenden die ganzen grünen Nüsse nach dem Johannistag, also dem 24. Juni. Laut Pfarrer Künzle 2 Wochen in Branntwein eingelegt, in Flaschen abgezogen. Ungesüßt und äußerlich angewendet, vertreibt

- Warzen

Salbe aus den grünen Schalen unreifer Nüsse: 1 Handvoll Schalen fein zerquetschen. 300 g Speckwürfel auslassen, die Schalen beigeben, 1/2 Stunde braten, passieren, erkalten lassen. Diese Salbe hilft bei

- Haarausfall
- Kopfschuppen

Tee aus frischen oder getrockneten Blättern: 1 Handvoll Blätter, gehackt oder fein zerbröselt mit 1 l kochendem Wasser übergießen, 10 Minuten ziehen lassen, abseihen, lindert

- rheumatische Schmerzen

Nicht wundern würde es mich, wenn ich beim Studium alter Bücher über Volksmedizin auch noch auf heilsame Wirkungen der Walnussrinde stoßen würde.

- Wurmbefall
- dient als Kopfwaschmittel bei Haarausfall
- als Badezusatz für Rachitis
- als Waschung bei Brustrhagaden

Der gleiche Tee, mit Honig oder Zucker gesüßt, täglich 2 bis 3 Tassen als Getränk, gibt man Jugendlichen mit

- unreiner Haut

Gurgelwasser aus frischen Blättern: Abkochung: 100 g frische Blätter in 1 l Wasser kochen, abseihen, bei

- Halsschmerzen
- Angina
- Kehlkopfentzündung

als Waschung oder Umschlag bei

- Augenleiden
- Frostbeulen
- Krätze

„Nusskreuzleintee": Kreuzlein, die die reifen Nusskerne in vier Teile teilen. 1 Teelöffel pulverisierte Kreuzlein mit 1 Tasse kochendem Wasser übergießen, 10 Minuten ziehen lassen, abseihen, täglich 3 bis 4 mal 1/4 Tasse trinken, hilft bei

- Kopfweh

Hierzu sei noch bemerkt, dass man „Nusskreuzleintee" in der Schweiz in der Apotheke kaufen kann.

Reife Nusskerne: Das ausgepresste Öl davon

- als Sonnenschutzmittel, das zudem die Bräunung verstärkt

NUSSDESSERT

(für 4 Personen)

- *2 x 100 g Löffelbiskuits*
- *2 Tassen starker Kaffee*
- *100 g Walnusskerne*
- *100 g getrocknete Zwetschen*
- *100 g getrocknete Feigen*
- *50 g Rosinen*
- *300 ml Rahm oder halb Rahm und halb Milch*
- *2 Eigelb*
- *1 Esslöffel Honig*
- *einige halbierte Walnusskerne*
- *einige kandierte Sauerkirschen*

Die Hälfte der Löffelbiskuits in eine Auflaufform legen, die Hälfte des Kaffees darüber träufeln, Nüsse, Zwetschen, Feigen, Rosinen, Rahm, Eigelb und Honig miteinander im Mixer zerhacken. Die Hälfte des Breis über die Biskuits geben, glatt streichen. Die zweite Hälfte der Löffelbiskuits darüber legen und den verbleibenden Kaffee über die Biskuits träufeln. Den Rest des Breis darüber streichen, mit den halbierten Walnusskernen und Sauerkirschen dekorieren. Über Nacht kaltstellen.

WEIN

Vitis vinifera

Wenn man sich intensiv mit der Volksmedizin und damit logischerweise mit den darü-

Ob ich wohl auch dieses Jahr Trauben ernten darf?

Hier fehlt nur noch das lachende Gesicht von Bacchus, dem Gott des Weines ...

ber geschriebenen Büchern befasst, gibt es immer wieder neuen Grund zur Verwunderung. Einer ist es auch, dass die Weinrebe relativ selten erwähnt wird. Am meisten bin ich erstaunt, dass „mein" Pfarrer Künzle ihr kein Wort gönnt. Lebte er doch in einer Weinbau-Gegend, in der Bündner Herrschaft nämlich. Mag sein, dass durch das Verschweigen der gesundheitsfördernden Fähigkeiten der Weintraube übermäßiger Weingenuss verhindert werden sollte. Medizinalwein (als Zusatz zu anderen Pflanzen mit Heilkraft) erwähnt er dagegen. Auch in den mir zur Verfügung stehenden italienischen Büchern zur Volksmedizin wird Wein nur einmal genannt und zwar zusammen mit Salz als Umschlag bei Verstauchungen. Meine Vermutung bezüglich des Alkoholismus ist sicher nicht ganz unberechtigt.

Ein österreichischer Autor allerdings widmet ihr ein unverhältnismäßig großes Kapitel: Richard Willfort. Seinem Buch entnehme ich die Aufzählungen der Heilwirkungen.

Kathrins Tipp

Wichtig: Weintrauben müssen beinahe immer gespritzt werden. Mit anderen Worten: Keine Früchte essen, bevor man sie nicht gründlich lauwarm abgespült hat!

Zum Anbau

„Weinbauklima" ist ja ein allen Gärtnern geläufiger Maßstab. Und alle, die nicht in Gegenden mit solchem Klima ihren Garten pflegen, sind ein bisschen neidisch (Ich auch, obwohl ich einen einzigen Rebstock besitze, der mir sogar jedes Jahr eine Ernte von etwa 10 kg Trauben schenkt). Ich denke, unter „Weinbauklima" versteht man nicht nur die jährlichen Durchschnittstemperaturen, vielmehr auch die entsprechende Sonnenscheindauer. An die Bodenbeschaffenheit stellt die Rebe offenbar weniger Ansprüche als – eben – ans Klima. Und will einer die Heilwirkungen der Rebe kennen lernen, braucht er dazu nicht nur die Früchte, sondern auch die frischen Blätter, die Lauge der Asche von Blättern und Ranken, den Saft, der ausfließt, wenn die Reben frisch geschnitten werden, die Rebenblüten (übrigens: Es lohnt sich, an einer Rebenblüte zu riechen!), die unreifen und letztendlich auch die reifen Trauben. Einmal mehr: Die ganze Pflanze ist eine Apotheke!

Weinrebe in der Naturheilkunde

Blütentee: 1 gehäufter Teelöffel frische Blüten mit 1 Tasse kochendem Wasser übergießen, 10 Minuten ziehen lassen, abseihen. 1 bis 2 Tassen täglich schluckweise trinken und einreiben bei

- Nervenschwäche

Blütensalbe: frisch gepflückte Blüten in frischer Butter braten, gegen

- Sommersprossen

Saft der frisch beschnittenen Reben: Ist als Umschlag

- blutstillend
- heilt Ausschläge, Flechten, Geschwüre und Hautunreinigkeiten

Asche von Rebelaub und -Trieben: Lauge davon in Wasser angesetzt und abgeseiht, ist ein vortreffliches Waschmittel für

- Geschwüre, eiternde Wunden
- Hautunreinigkeiten

Unreife Weintrauben (zerquetscht) als Umschlag

- „löschen die Hitze der Augen, des Kopfes und des Magens"

Reife Weintrauben

- reinigen das Blut
- regen die Darm- und Nierentätigkeit an

Meine Großmutter pflegte zur Zeit der Weinlese jeweils für zwei Wochen ins Tessin zu fahren, um dort eine „Traubenkur" zu machen. Sie bestand aus einigen Fastentagen, dann einer Diät ohne Essig, kohlesäurehaltigen Getränken, Weißbrot, ohne fette und gewürzte Speisen.

Unvergorener Saft von frischen Trauben hat dieselben Wirkungen wie die Früchte.

Wein: Meine Mutter trank prinzipiell keinen Alkohol. Nur eine einzige Ausnahme gab es, ihr Stärkungsmittel (1 Glas trockenen Rotwein, 1 Teelöffel Honig und 1 Eigelb, alles miteinander gut verquirlt)

- während besonders großer beruflicher Anstrengung (heute würde man sagen „bei Stress")

Weinessig: (Essiggärung von guten Weinen) trinkt man verdünnt bei

KATHRINS TIPP

Schwindsüchtige und unter Blutarmut Leidende sollen jeden Essig meiden!

Heute sieht man nur noch die Romantik...

- Blähungen
- Blutungen

Als Umschlag oder Waschungen bei

- Fieber („Fußwickel")
- Wundliegen
- unreiner Haut
- Gemüts- und Nervenleiden
- Aufregungszuständen

Weinstein: setzt sich in Fässern und Flaschen an, die guten Wein enthielten, ist auch in Apotheken erhältlich, dient als

- Abführmittel (aber auch Koch-Hilfsmittel und Beizmittel zum Färben von Wolle)

KARAMELLISIERTE WEINTRAUBEN

- *etwa 250 g rote Weintrauben, entstielt*
- *etwa 250 g weiße Weintrauben, entstielt*
- *100 ml Wasser*
- *500 g Zucker*
- *1/2 Teelöffel Weinstein*

Rote und weiße Trauben auf einem Tuch gut trocknen lassen. Wasser, Zucker und Weinstein auf kleinem Feuer zu einem Sirup kochen, der, auf einen Teller geschüttet, sich nicht mehr teilt. Die Traubenbeeren, auf einen Zahnstocher gespießt, einzeln in diesem Sirup drehen, dekorativ auf einer leicht gefetteten Platte anrichten.

Das einzige, was mich an der Zwetsche stört, ist, dass ich sie nicht mehr mit G schreiben darf. Aber das ist auch alles....

ZWETSCHE

Prunus domestica

Meine erste Bekanntschaft machte ich mit Zwetschen, als mir meine Mutter, die sehr an Verstopfung litt, eine über Nacht eingeweichte getrocknete Zwetsche zum Versuchen gab. Das war fein! Und prompt stibitzte ich davon noch mehr. Mit der Folge, dass ich dann etliche Male „für kleine Mädchen" musste. Aber sonst passierte mir nichts. Das heißt, getrocknete Zwetschen sind ein auch für Kinder zu empfehlendes sanftes Abführmittel.

Zum Anbau

Der Zwetschenbaum ist ein bescheidener Geselle. Er gedeiht auch in raueren Zonen. Bei mir ist allerdings der Ertrag sehr unterschiedlich, weil er relativ früh blüht und hier immer die Frostgefahr besteht. Manchmal allerdings beschert er mich mit einem Früchtesegen, dessen ich beinahe nicht Herr werde.

Zwetsche in der Naturheilkunde

Rohe und gekochte Zwetschen sowie getrocknete Zwetschen sind wirksam bei

- Appetitlosigkeit
- Verstopfung (bei hartnäckiger Verstopfung 10 getrocknete Zwetschen über Nacht einweichen und am Morgen nüchtern essen)

Frische Blätter des Zwetschenbaums (in Wein gekocht) lindern als Gurgelmittel verwendet

- Halsschmerzen
- Parodontose

...soeben gelernt: getrocknete Zwetschg... Entschuldigung – Zwetschen in halb Wasser, halb Wein mit einer Gewürznelke kochen. Kalt stellen. Schmecken himmlisch!

ÜBERBACKENE ZWETSCHEN

* *600 g Zwetschen, der Länge nach halbiert, entsteint*
* *100 g Löffelbiskuits, fein zerbröselt*
* *50 g Mandeln, geschält, gemahlen*
* *Saft einer halben Zitrone*
* *3 Esslöffel Honig*
* *einige Esslöffel Apfelsaft*
* *4 Esslöffel Butter in Flöckchen*

Die Zwetschen mit der Schnittseite nach oben in eine bebutterte Auflaufform legen. Löffelbiskuit-Brösel, Mandeln, Zitronensaft und Honig miteinander vermischen. So viel Apfelsaft beigeben, dass ein streichfähiger Brei entsteht. Diesen über die Zwetschen streichen, mit den Butterflöckchen belegen und etwa $^1/_2$ Stunde überbacken. Aus dem Ofen nehmen und heiß servieren.

GETREIDE

„Es wallt das Korn weit in der Runde. Und wie ein Meer dehnt es sich aus ...“

Das ist der Anfang eines Gedichts von Gottfried Keller. An diese Zeilen erinnere ich mich, wenn ich ein Kornfeld sehe. Nun muss nur noch ein leiser Wind darüber streichen, und die Illusion des wogenden Meeres ist vollständig. Dann denke ich an die gebundenen Garben, als ich als Kind einmal bei der Getreideernte mithelfen durfte, und schon kneten meine Hände einen Brotteig. Damit reihe ich mich ein in die unendliche Schar von Frauen, die schon seit Jahrtausenden diese Arbeit tun, die für mich eher Andacht als Arbeit ist.

Dinkel, Gerste, Hafer & Co.

DINKEL

Triticum spelta

Ich mache eine mir unerklärliche Feststellung. Wenn ich Auskunft über Dinkel finden will, so bleiben ausschließlich die Werke der Hildegard von Bingen übrig. Sämtliche anderen Autoren, deren Werke die Basis meines Buches sind, erwähnen ihn nicht (siehe hierzu auch die Bibliographie auf Seite ...).
Da ich aber von den heilenden und stärkenden Wirkungen des Dinkels überzeugt bin, darf ich ihn in diesem Buch keinesfalls übergehen.

Der Heiligen Hildegard sei Dank, dass sie die gesundheitlichen Wirkungen des Dinkels erkannt hat.

Dinkel in der Naturheilkunde

Hier zitiere ich die Bemerkungen der Hildegard von Bingen:
„Der Dinkel ist das beste Getreide, und er ist warm und fett und kräftig, und er ist milder als andere Getreidearten, und er bereitet dem der ihn isst rechtes Fleisch und rechtes Blut, und er macht frohen Sinn und Freude im Gemüt des Menschen ....“ Und jetzt kommen meine persönlichen Erfahrungen mit Dinkel: Ich hatte vor etlichen Jahren einen reinrassigen Berner Sennenhund. Als er etwa vier Jahre alt war, entdeckte ich an einer seiner Vorderpfoten eine bloße Hautstelle, die mit einem nässenden, blumenkohlartigen Geschwür bedeckt war. Unser Tierarzt, ein erfahrener, betagter Freund meines Hauses, fragte mich, wie alt denn der Hund sei. Ich sagte es ihm. „Nun ja“, war die Antwort. „Lass ihn leben, solange er nicht leidet. Er hat Hautkrebs.“
Ich gehöre zu den Menschen, die nicht so rasch aufgeben. Und zum Glück hatten wir einige Wochen vorher eine „Großmutter“-Sendung über die „Küche der Heiligen Hildegard“ gemacht. Damals war auch eine Ärztin dabei, die sich auf Hildegard-Medizin spezialisiert hat. Sie erzählte mir von ihrem Hund, den sie verwahrlost, halb verhungert und mit Geschwüren bedeckt aus Kreta mitgebracht und dann mit Dinkel wieder hochgepäppelt hatte.
Eine schöne Seite aller Nahrungsmittel, die auch Heilmittel sind, ist das Wissen, dass sie nicht schaden, selbst wenn sie nichts nützen. Aus dieser Überlegung heraus bekam meine Mädi von nun an täglich zwei Esslöffel gekochten Dinkel. Ihr Geschwür verschwand. Und schließlich ist sie viele Jahre später an einem Unglücksfall gestorben.

Ihre Tochter, die Wuschi, hat kürzlich ihren fünfzehnten Geburtstag gefeiert. Ich schreibe das dem Umstand zu, dass sie täglich ihren Dinkel ins Fressen gemischt bekommt. Und – dreimal darf der geneigte Leser raten – was ich täglich esse ...

Und nun für eilige Leser die Aufzählung der wichtigsten Krankheiten, gegen die Dinkel wirkt:

- Stärkungsmittel
- Suppe aus gerösteten Körnern: Gegen Durchfall (2 bis 3 Tassen pro Tag)
- „bei Knochenleiden" (Dinkelkörner wie Reis kochen – Kochdauer etwa $^3/_4$ Stunde – und beliebig würzen, morgens und abends je 1 Tasse)
- auf obige Art zubereitet auch gegen Verstopfung
- „macht frohen Sinn und Freude im Gemüt des Menschen"

DINKELNUDELN

(für 8 Personen)

- *500 g Dinkelmehl*
- *6 Eier oder etwa $^1/_4$ l Wasser*
- *1 Teelöffel Salz*
- *etwa 50 g Mehl Typ 1050*

Aus den obigen Zutaten einen Teig kneten, $^1/_4$ Stunde ruhen lassen. Den Teig auf den bemehlten Tisch legen, flach drücken und mit dem Nudelholz dünn ausrollen. In ungefähr 5 mm breite Nudeln schneiden und trocknen lassen. Die Nudeln können bemehlt eingerollt und tiefgekühlt werden.

GERSTE

Hordeum vulgare

Wie bitte: Gerste soll eine Heilpflanze sein? Manchmal werden unsere einheimischen Pflanzen ungerecht, nein, stiefmütterlich behandelt. Da hören wir doch immer vom Olivenöl, wie gesund es sei, weil es reichlich „ungesättigte" Fettsäuren enthalte. Und davon, dass auch Gerste sie enthält, davon spricht kein Mensch. Aber Oliven: Die sind irgendwie – offenbar mit Recht – in Mode gekommen. Und was modisch ist, nützt wohl mehr. Zugegeben, es mag sein, dass die Menge der ungesättigten Fettsäuren in Oliven, im Olivenöl wesentlich höher ist. Aber unsere brave, bescheidene Gerste hier einfach vergessen, das dürfte man doch eigentlich auch nicht.

Dinkel – Einkorn – geballte Gesundheit. Und dann schmeckt er erst noch fein.

Zum Anbau

Gerste kann bis hoch in nördliche Gegenden angebaut werden kann. Oliven dagegen muss man aus dem Süden importieren.

Dass man Gerste braucht, um Bier zu brauen, ist wohl deren bekanntester Verwendungszweck. Wenn man – wie ich – in Graubünden aufgewachsen ist, dann fällt einem beim Stichwort „Gerste" natürlich als erstes die Bündner Bohnen- und Gerstensuppe ein. Jeder Tourist, der einmal in Graubünden in einer Alphütte seinen Wanderer- oder Skifahrerhunger mit einer solchen Suppe gestillt hat, weiß, wie gut sie schmeckt.

Der ältesten Getreideart sollte man viel mehr Beachtung schenken.

Gerste in der Naturheilkunde

Es gibt aus Gerste auch ein Krankensüppchen: Den Gerstenschleim.

Außer bei Verdauungsstörungen hilft Gerste noch bei mancherlei anderem.

- Gerstenmehl und -kleie, Essig und Butter zu einem Mus verrühren, auf einen Lappen auftragen und diesen verrenkten Gliedern auflegen, mildert den Schmerz
- Gerste, in Wasser gekocht und abgeseiht, hilft bei Halsweh
- kann man auch bei rauen, aufgesprungenen Händen als Umschlag auflegen
- Gerstenmehl in Wein zu einem Mus gekocht, hilft bei Insektenstichen

Immer wieder staune ich ehrfürchtig über die unendliche Vielfalt, mit der die Natur uns beschenkt: In Farbe, Geschmack, Größe und Form ...

- in Butter geröstetes Gerstenmehl, mit Wasser zu einer Suppe gekocht, stoppt den Durchfall
- Gerste, in frischer Milch gekocht, fördert den Milchfluss stillender Mütter
- schließlich sei auch das Bier erwähnt, das ebenfalls aus Gerste gewonnen wird
- Bier – in mäßigen Mengen getrunken, regt den Appetit an und die Absonderung von Magensaft. Es verhindert Sodbrennen nach Genuss von Hülsenfrüchten
- Warmbier hilft bei Bronchitis und bei Nieren- und Blasenbeschwerden

Früher hatte man Gerste wohl in jedem Haushalt vorrätig. Und zu den Hilfsmitteln, die am ehesten verfügbar sind, greift man zuerst.

BÜNDNER BOHNEN- UND GERSTENSUPPE

(für 4 Personen)

- *100 g weiße getrocknete Bohnen*
- *100 g Gerste*
- *einige Suppenknochen*
- *2 l Wasser*
- *3 Esslöffel Butter*
- *800 g Suppengemüse wie Zwiebel, Lauch, Sellerie, Wirsing, Karotten, zerkleinert*
- *1 Lorbeerblatt*
- *1 Gewürznelke*
- *2 Kartoffeln, in Würfel geschnitten*
- *Salz, Pfeffer*
- *1 Bund Schnittlauch*

Die Bohnen über Nacht einweichen. Einweichwasser wegschütten. Bohnen, Gerste und Knochen mit dem Wasser aufkochen. Etwa 1 Stunde kochen. Die Butter in einem Topf zergehen lassen, das Gemüse darin andämpfen, zur Suppe geben. Lorbeerblatt und Gewürznelke dazulegen. $^1/_2$ Stunde kochen. Kartoffeln beigeben, würzen, nochmals 20 Minuten kochen. Mit Schnittlauch bestreuen und mit Bauernbrot servieren.

HAFER

Avena sativa

Hafer – wenn ich das Wort bloß höre, wird es mir schon kribbelig im Magen! Jahrelang, jahrelang haben sie mich in meiner Kindheit damit geplagt, dass ich jeden, aber jeden Abend entweder Hafer- oder Grieß- oder Reisbrei essen musste. Damit mir das besser mundete, jeweils mit Zucker und Zimt bestreut. Das hätte zur Folge haben sollen, dass aus dem Kind, „das nur aus Zöpfen, Augen und Beinen bestand" (mein Papa behauptete das wenigstens), ein normal ernährt scheinendes Kind wurde. Und wenn ich dann wieder eine meiner vielen Verdauungsstörungen hatte, bekam ich auch noch Haferschleimsuppe („Komm, Kind, iss das feine Süppchen!") und roh geraffelten Apfel zum Essen. Wäh!

Und zum Frühstück plagten sie mich – auch jahrelang – mit Haferkakao. Den gab es damals in schön eingepackten Würfel-Portionen, umwickelt mit einem blauen Papier, auf dem ein weißes Pferd abgebildet war. Papier und Pferd gefielen mir zwar. Aber das Getränk war schauerlich, klumpte, schmeckte trotz des Kakaos – nach Hafer!

Nimmt es mir jemand übel, wenn ich Haferspeisen regelrecht verabscheue? Mit einer Ausnahme: Birchermüesli! Das mag ich gern – aber nur, wenn es richtig gemacht wird: Mit groben Haferflocken, die man über Nacht eingeweicht hat, mit geriebenen Nüssen, eventuell Rosinen, Bananenrädchen ... aber was zähle ich das hier weiter auf. Besser, ich stelle das Rezept ans Ende der Hafer-Beschreibung.

Zum Anbau

Über die Möglichkeit, Hafer bei mir anzubauen, habe ich noch nie nachgedacht. Das wird man – nach meinem Hafer-Leidensweg

Plinius fragte sich kopfschüttelnd, weshalb Germanen Tierfutter = Hafer essen. Mir geht es zwar ähnlich. Aber auf Birchermüesli möchte ich doch nicht verzichten.

– auch begreifen. Wahrscheinlich würde er bei mir gar nicht gedeihen, „weil er den Boden stark versäuert". Mein Boden ist schon so ganz stark sauer. Das versuche ich mit Ackersenf, den ich im Herbst als Düngefrucht aussäe, ein bisschen zu korrigieren.

Hafer in der Naturheilkunde

Wenn ich allerdings nachlese, was Hafer in der Naturheilkunde alles kann, dann verzeihe ich es heute meinen Eltern, dass sie mich damit so geplagt haben.

- Haferscheim „ist nicht nur eine der gesündesten und leicht bekömmlichsten Speisen. Er stellt auch ein hervorragendes diätetisches Nahrungsmittel dar. Für ma-

„Hafer“: mein fester Vorsatz ist, ihn häufiger in der Küche zu verwenden.

genschwache Rekonvaleszenten nach Magen- oder Darmoperationen gibt es kaum ein besseres Nahrungsmittel als den Hafer in den verschiedensten Zubereitungen“.

- die Haferschleimsuppe hilft aber auch bei Brust- und Halsleiden, ebenso bei der Behandlung von Magen- und Zwölffingerdarmgeschwüren sowie chronischem Durchfall
- kann als Diätetikum bei Zuckerkrankheit empfohlen werden
- Hafer hilft bei Rheuma, Nieren- und Kreislauferkrankungen

Hafertrank: 2 l Haferkörner einige Male in frischem Wasser waschen, in 3 l Wasser bis zur Hälfte einkochen und abseihen. Abkühlen. Mit Honig süßen. Schluckweise trinken.

Haferstrohbad: 10 Handvoll Haferhäcksel oder Haferstroh in einen Stoffsack binden, mindestens 1/2 Stunde kochen, dem Badewasser zusetzen. Hilft bei

- Rheuma und Gicht
- Steinbildung in der Niere
- Unterleibsleiden
- chronischen Hauterkrankungen

BIRCHERMÜESLI NACH DR. BIRCHER-BENNER

(für 4 Personen)

Merke: Ein „richtiges, echtes“ Birchermüesli macht man nicht mit Fertigflocken. Diese enthalten oft geriebene Nüsse und dazu die entsprechenden Konservierungsmittel.

- *4 Esslöffel grobe Haferflocken*
- *8 Esslöffel kaltes Wasser*
- *4 Esslöffel Kondensmilch, gezuckert, oder 3 Esslöffel Rahm mit 1 Esslöffel Zucker vermischt*
- *Saft von 2 Zitronen*
- *4 Äpfel, ungeschält, fein gerieben*
- *2 Bananen, in Scheiben geschnitten*
- *4 Esslöffel Haselnüsse und/oder Mandeln und/oder Walnüsse, frisch gerieben*
- *2 Orangen, in Schnitze zerteilt, Schnitze entzweigeschnitten*
- *4 Scheiben Schwarzbrot*
- *2 Esslöffel Butter*

Die Haferflocken am Vortag mit dem Wasser einweichen. Falls man die feinen Instant-Haferflocken verwenden muss, fällt das weg. Kondensmilch und Zitronensaft beigeben. Die Äpfel mitsamt der Schale auf einer feinen Reibe direkt ins Müesli reiben. Bananen und Orangen hinzufügen. Die Nüsse beigeben, alles gut miteinander vermengen. Die Brotscheiben mit der Butter bestreichen und dazu reichen.

HIRSE

Panicum miliaceum

Wer realisiert schon, dass Hirse nicht nur ein Nahrungs- sondern auch ein Heilmittel ist? Ein uraltes sogar, wahrscheinlich den Menschen noch länger bekannt als die Gerste.

Meine eigene Hirsengeschichte – nein, eigentlich sind es zwei: Ich hatte als Kind ganz weiche Fingernägel, die sich überdies der Länge nach spalteten. Da verordnete mir meine Großmutter eine Hirsekur. Ich musste jeden Morgen ein Müesli aus Hirseflocken, frischen Früchten und geriebenen Nüssen essen. War das eine Wonne! Nur: Meine Großmutter war sehr, sehr streng. Ich wagte es nie, ihr meine Freude über mein Frühstück zu zeigen. Wer weiß, vielleicht hätte sie meine Kur abgebrochen.

Das ist die eine Hirsegeschichte. Die andere: Ich hatte einen ganz lieben Berner Sennenhund, die Orsa. Sie hatte ein glanzloses, etwas struppiges Fell. Natürlich hatte ich mich längst kundig gemacht, dass es die in der Hirse enthaltene Kieselsäure gewesen war, die meine Fingernägel stärkte. Da müsste die Hirse also auch Orsas Fell heilen. Der Hund bekam also morgens und abends seinen Esslöffel voll Hirseflöckli – und ich nach ein, zwei Monaten unzählige Komplimente, weil mein Hund ein so schönes, glänzendes Fell hatte.

Vögel picken gerne Hirse. Ich nasche gerne Biskuits aus Hirseflocken, Vogelfutter hin oder her.

Jetzt fällt mir das „Hirsotto" ein, das wir im Krieg anstelle von Risotto zubereiteten. Das Rezept ist genau dasselbe, nur die Kochzeit ist länger: Eine $^{3}/_{4}$ Stunde.

Zum Anbau

Hirse wächst fast überall – nur Nässe mag sie nicht. Eigene Erfahrungen über den Anbau von Hirse habe ich nicht.

Hirse in der Naturheilkunde

Das ist „Kosmetik von innen her" und hilft bei

- brüchigen Fingernägeln
- brüchigem, schütterem, glanzlosem Haar
- unreinem Blut
- in Italien wird Hirsebrei zusammen mit Auberginen gekocht als Mittel zur Senkung des Cholesterins empfohlen

MAIS

Zea mays

Beim Mais geht es mir ähnlich wie beim Lauch: Ich fühle mich verpflichtet, ihn als seine Anwältin zu verteidigen. Diesmal nicht gegen die Anklagen der Heiligen Hildegard, diesmal – übertrieben gesagt – gegen die ältere Generation der gesamten Deutschen Nation!! Keine andere Speise erregt nur annähernd so viel Abneigung bei meinen deutschen Freunden wie Polenta, im Tessin und in Graubünden so etwas wie eine heilige Nationalspeise, mindestens so geliebt wie im Schwabenland die Spätzle. Und dann rümpfen die Deutschen verächtlich die Nase! Richtiggehend beleidigt habe ich mich gefühlt, bis ich den näheren Grund für diese Abneigung erfuhr. Kurz nach Beendigung des zweiten Weltkrieges wollte der für die Ernährung des deutschen Volkes zuständige amerikanische Offizier wissen, was denn in Deutschland am dringendsten benötigt würde. Die deutsche Antwort war „Korn“. Und derjenige, der diese Antwort gab, meinte damit natürlich Weizen. Aber in Amerika ist „corn“ eben Mais. Und damit wurde Deutschland förmlich mit Mais überschwemmt. Vermutlich hauptsächlich mit Maismehl zum Brot backen.

Einmal mehr: Wie gescheit die Natur alles einrichtet: Der Maiskolben ist vom Blatt umhüllt, solange er noch zart und unreif ist. Geschützt wie ein Kind, das die Sonne noch nicht erträgt.

Die goldene Farbe hat der Mais verdient!

Natürlich habe ich es aus reiner Neugier versuchen müssen, wie ein solches Brot schmeckt und habe deshalb anstelle von Weizenmehl Maismehl genommen. Nun ja, der Geschmack ginge noch. Aber das Brot kommt schon als Ziegelstein aus dem Ofen. Nach einem Tag wäre es geeignet, um einen bösen Feind tot zu schlagen, so trocken ist es. Verständlich, dass alle, die – weil sie nichts anderes zum Essen bekamen – heute Mais eben nicht mehr mögen. Nur: Polenta macht man nicht aus Mehl, sondern aus Maisgrieß. Und je grober dieser gemahlen ist, desto besser schmeckt die Polenta – ein „Saucenaufsauger“ par excellence wie Kartoffelpüree oder Nudeln. Nein: Noch besser!

Zum Anbau

In der Schweiz gibt es eigentliche Anbaugebiete für Mais. Zum Beispiel im St. Galler Rheintal, natürlich im Tessin. Für den Anbau im Garten – so rein aus Neugierde – habe ich keinen Platz. Vermutlich wäre das Klima hier auch schon zu rau.

Mais in der Naturheilkunde

Am heilkräftigsten ist nicht das Korn an sich, sondern sind die Maisgriffel, die man vor der Bestäubung abgeschnitten hat. Sie werden getrocknet. Man kann sie auch in der Apotheke kaufen. Willfort empfiehlt sie als

- „vollkommen unschädliches und dabei sehr wirksames Abmagerungs- und Entfettungsmittel mit harntreibender Wirkung". Ich denke, man kocht daraus einen Tee
- Ödemen
- Gicht und Rheuma
- Erkrankung der Harnorgane mit Neigung zu Steinbildungen
- bei Blasenkatarr

Dann muss das Maiskeimöl erwähnt werden, das ähnliche heilende Wirkungen hat wie Weizenkeimöl.

Maisgrieß (eben meine geliebte Polenta) kann man – wie Polenta gekocht verwenden zu Umschlägen

- bei Blasenschmerzen

Dieses Mittel erwähne ich der Kuriosität halber. Sie stammt wohl aus einer Zeit, wo man die Gummibettflasche noch nicht kannte. Ich weiß aber auch, dass mein Vater Kühen, die Euterentzündung hatten, einen Sack mit warmer Polenta um das Euter band.

POLENTA

Grundrezept:

* *1 l Wasser*
* *1 Teelöffel Salz*
* *250 g Maisgrieß, möglichst grob gemahlen*

Wasser und Salz aufkochen, den Kochtopf vom Feuer nehmen, den Maisgrieß einrieseln lassen. Umrühren. Einen Kochlöffel quer über den Kochtopf legen. Mit einem Deckel halb bedecken. Den Kochtopf wieder auf die Platte stellen (Achtung, der Mais würde spritzen, wenn der Deckel fehlte), den Mais aufkochen, nochmals umrühren, dann abgedeckt eine 3/4 Stunde kochen lassen. Gelegentlich umrühren.

Varianten:
einen Rosmarinzweig und/oder
1 bis 2 gepresste Knoblauchzehen und/oder
2 bis 3 Esslöffel Butter
beigeben oder anstelle von Wasser Milch oder halb Milch und halb Wasser verwenden.

Die fertig gekochte Polenta setzt sich am Kochtopfrand und -boden an und läßt sich kaum wegkratzen. Man füllt den geleerten Kochtopf mit kaltem Wasser und läßt ihn über Nacht stehen. Dann geht dieser Rest ganz leicht weg.

Falls Korn oder Körner: Einmal mehr: kleine Wunderwerke der Natur.

HONIG

Ich weiß, dass das Wort Salomons „Iss Honig, mein Sohn, denn er ist gut“ abgedroschen klingt. Aber wie könnte ich alle guten Eigenschaften des Honigs in knappen Worten besser ausdrücken? Heute würde Salomon von jeder bedeutenden Werbefirma dafür ein bedeutendes Honorar erhalten. Und wir haben es so schön, dass wir in der Bibel nachschlagen können, einen Honiglöffel abschlecken können, diverse Gebrechen mit Honig heilen können ...

Und wenn wir schon bei der Bibel sind, dürfen wir es auch laut sagen: „Danke, lieber Gott, dass Du uns den Honig schenkst.“

Honig – ein ganz besonderes Nahrungsmittel

Ein Extra-Kapitel über den Honig gehört in ein Buch, das hauptsächlich Erzeugnissen von Pflanzen gewidmet ist. Honig ist ja eigentlich ein Auszug aus den Blütenpollen der ganzen Pflanzenvielfalt, die bei uns gedeiht.
In meinem Elternhaus gab es die einfache Regel: Bei allen kleinen Wehwehchen wurden erst einmal Hausmittel angewandt mit dem üblichen tröstlichen Hinweis „nützt es nicht, so schadet es wenigstens nicht".
Da mein Vater begeisterter Imker war, ist es logisch, dass Honig nicht nur zuvorderst im Küchenschrank, sondern auch zuoberst auf der Medikamentenliste stand.

Danke liebe Biene, dass du für mich so fleißig bist.

Dass zur Behandlung von Schnittwunden auch andere Salben als flüssiger Honig dienen konnten, lernte ich erst nach dem 2. Weltkrieg, als die Antibiotika-Welle ausbrach. Plötzlich taugten damals nur noch Heilmittel etwas, die aus einer chemischen Fabrik kamen und deren Namen, wenn immer möglich, mit –illin oder –mycin endeten.

Was ist Honig?

Ein Poet sagt, Honig sei eingefangener Sonnenschein.
Ein Realist sagt, Honig sei eigentlich der Nahrungsvorrat der Bienen für den Winter, den die Menschen seit dem Altertum den Bienen wenigstens zum Teil wegnehmen, um ihn selbst zu verzehren.
Der Chemiker bringt eine ganze Kette von Erklärungen, angefangen beim Zucker, dem Chlorophyll, der Photosynthese, Kohlenstoff, Wasser, Zuckerstoffe, Kohlenhydrate etc. bis zur Lactose und Fructose.
Die Hausfrau interessieren vor allem die Eigenschaften zum Süßen und zum Verfeinern von Speisen.
Vor allem aber weiß (oder müsste ich heute sagen „wusste") man von alters her um die vielen Heilwirkungen des Honigs.
Einmal mehr: Die moderne Medizin hat uns das beinahe vergessen lassen.

Honig in der Naturheilkunde

Zum Glück gibt es eine unüberschaubare Zahl von medizinischer Literatur, die die Heilwirkungen von Honig zum Thema hat. Dem „Vater der Medizin", Hippokrates (460–377 v. Chr.), war Honig „die liebste Medizin". Er lehrte seine Schüler, Honig innerlich und äußerlich bei vielzähligen Krankheiten und Verletzungen anzuwenden.

Auf einer Blüte gleich zwei Gäste!

In den letzten Jahren ist der Weg zur „sanften Medizin“ immer gangbarer geworden. Der Respekt vor unerwünschten und oft gefährlichen Nebenwirkungen wie zum Beispiel Allergien führt wieder zurück zu jenen Mitteln, die unsere Vorfahren benutzten. Dazu kommt, dass viele dieser Mittel wie eben der Honig in jedem Haushalt verfügbar sind. Und dann auch noch, dass manche (aber nicht alle) den Geldbeutel schonen.

Interessant ist, dass in der italienischen Volksmedizin oft nicht einfach „Honig“ erwähnt ist, sondern sogar der Honig spezifischer Pflanzen: zum Beispiel Lindenblütenhonig, Rosmarinblütenhonig, Eichenblütenhonig, Thymianhonig etc. Diese Honigarten sollen die Heilwirkungen der entsprechenden Pflanzen verstärkt weitergeben.

Da auf der Alpen-Nordseite diese ganz speziellen Honigarten kaum erhältlich sind, beschränke ich mich hier auf den Ausdruck Honig. Nur: Honig ist nicht gleich Honig! Für medizinische Zwecke eignet sich vor allem der kalt geschleuderte Honig. Und – was man viel zu wenig weiß: Honig muss nach dem Schleudern einen Reifungsprozess durchmachen. Während dieses Prozesses verliert er an Gewicht, weil er vor der Reifung mehr Wasser enthält. Es empfiehlt sich, Honig in Spezialgeschäften oder direkt beim Imker zu kaufen. Imker sind eine eingeschworene Gesellschaft, die nicht nur ihre Bienen, sondern auch ihren Honig pflegen und ihren Stolz dahinein legen, nur besten Honig zu verkaufen. (Hier bin ich versucht, zu behaupten, dass Imker ihre Bienen und damit auch deren Honig „lieben“. Bei meinem Vater war das auf alle Fälle so.)

Natürlich muss Honig sorgfältig aufbewahrt werden: Am besten in Gläsern mit Schraubdeckel an einem dunklen, kühlen, trockenen Ort.

Ein voll ausgereifter Honig enthält die für seine Heilkraft ausschlaggebende Ameisensäure.

Wie erkenne ich nun, ob ein Honig ausgereift ist? Im schon mehrmals zitierten Buch von Richard Willfort finde ich dazu einen Hinweis: „Naturechter unverfälschter Honig muss, wenn er kalt und dickflüssig ist, bandartig abfließen, sich auch bandartig, aber immer schmäler legen und schließlich sich in lange, dünne Fäden ziehen, ohne dass diese sogleich abbrechen. Er muss wohlriechend, süß, nicht aufdringlich, klebrig, goldgelb sein. Kandiert bildet er eine mehr oder minder feste Masse, in der der kristallinisch sich ausscheidende Traubenzucker den mehr flüssig bleibenden Fruchtzucker mehr oder minder vollkommen umschließt."

Wenn doch in meinem Haushalt die Vorratshaltung auch so einfach wäre!

Bezüglich der Eigenschaft „nicht aufdringlich" kenne ich eine Honigsorte, der man dieses Prädikat nicht geben kann: Den Kastanienhonig. Er hat für viele Honigliebhaber einen unverwechselbaren Eigengeschmack. Diejenigen, die diesen Geschmack nicht mögen, behaupten, dieser Geschmack sei ausgesprochen aufdringlich. Wer versucht, ihn zum Süßen von Speisen zu verwenden, wird mir Recht geben, auch wenn er ihn zum Verzehr auf einem Stück Brot oder – eben – als Medizin sogar anderem Honig vorzieht.

Wo Kastanienhonig zum Verkauf angeboten wird, sollte der Interessent die Möglichkeit haben, ihn vor dem Erwerb zu versuchen.

Gereifter Honig kann nach einer gewissen Lagerzeit kristallisieren. Manche ziehen diesen Honig vor, weil er weniger klebrig ist. Will man kristallisierten Honig wieder flüssig machen, stellt man das ganze Honig-Gefäß in warmes Wasser, das aber nicht wärmer sein darf als 45 °C. Bei höheren Temperaturen gehen die meisten heilsamen Stoffe des Honigs verloren.

Wenn ich nun die Heilwirkungen des Honigs aufzähle, wiederhole ich oft diejenige der im vorstehenden Buchteil den Pflanzen zugeschriebenen Wirkungen. Eigentlich ist Honig ein Konzentrat aller guten Eigenschaften von Pflanzen mit Heilkräften. Und nicht umsonst hat schon Salomon also geraten: „Iss Honig, mein Sohn, denn er ist gut!"

Wichtig: Die nachstehend erwähnten Rezepte können auch zur Unterstützung der Heilung dienen, wenn der Arzt noch stärkere Medikamente verschreibt.

- Abszesse: Die befallenen Stellen mehrmals täglich mit Honig bestreichen, verbinden, vor einem neuen Verband mit Kamillentee abwaschen
- Asthma: Honig und geriebenen Meerrettich zu gleichen Teilen vermengt mehrmals täglich 1 Teelöffel einnehmen

Anflug auf eine Mini-Flugpiste.

- Augenermüdung (Computer!): Fencheltee (1 Teelöffel Fenchelsamen mit 1 Tasse kochendem Wasser übergießen, 10 Minuten ziehen lassen, abseihen, auf etwa 40 °C abkühlen) mit 1 Teelöffel Honig vermengen, damit mehrmals täglich Umschläge machen
- Blutarmut: 3 x täglich vor den Mahlzeiten 1 Teelöffel Honig einnehmen. Eventuell kann man die Mengen in auf- und dann wieder absteigender Folge erhöhen und wieder verkleinern. Ich bekam diese „Medizin", die ich immer als Schleckerei betrachtete, über viele Jahre bei der oben erwähnten Dosierung. Vielleicht bin ich deshalb auch heute noch – im Vergleich zu vielen Altersgenossinnen – ziemlich leistungsfähig. Viele behaupten nun, das „ziemlich" im vorstehenden Satz sei untertrieben!!
- Brandwunden und Verbrennungen: So rasch als möglich ein Taschentuch mit Honig bestreichen und auf die Wunde legen
- Bronchitis: Holunderblüten- oder Thymiantee (1 Teelöffel getrocknete Kräuter auf 1 Tasse kochendes Wasser, 5 Minuten ziehen lassen, abseihen, auf etwa 40 °C abkühlen) mit 1 Teelöffel bis 1 Esslöffel Honig vermengt mehrmals täglich trinken
- Durchfall: Heidelbeerhonig (frisch gepflückte, reife Heidelbeeren in ein Schraubdeckelglas geben, so viel Honig dazu gießen, dass die Beeren damit bedeckt sind, mindestens einen Monat lang ziehen lassen), mehrmals täglich 1 Teelöffel
- Durstgefühl bei Fieberkranken: Gerstenwasser (1 Tasse Gerste und 5 Tassen Wasser 1 Stunde köcheln lassen, abseihen, abkühlen), 1 Tasse Gerstenwasser mit 1 Esslöffel Honig vermengt mehrmals täglich trinken
- Einschlafstörungen: 1 Glas lauwarmes Wasser mit 1 Teelöffel Honig 1 Stunde vor dem Schlafengehen trinken
- Entzündungen: siehe Abszesse
- Erkältungen: siehe Bronchitis
- Erregungszustände: 1 Tasse lauwarmen Kamillentee mit 1 Teelöffel Honig mehrmals täglich trinken
- Fieber: Honig/Essigwickel (3 Tassen lauwarmes Wasser, 1 Tasse Weinessig und 5 Esslöffel Honig miteinander vermengen, damit Waden- oder Leibwickel machen)

Die Farbe verschiedener Honigarten verrät es schon, dass sie auch verschieden schmecken müssen.

Viele Kräutertees werden durch Honig nicht nur verfeinert, sondern dadurch noch gesünder.

- Eitrige Fingernagelbetten: Honig/Zwiebelverband (gleiche Teile Honig und Zwiebelsaft vermengen, ein Taschentuch damit bestreichen), den eitrigen Finger damit verbinden, 3 x täglich wechseln
- Erfrierungen: Hafer/Honig-Umschlag: (1 Tasse Hafermehl, 1/2 Tasse Wasser, 1/2 Tasse Honig miteinander verrühren), auf die erfrorenen Stellen auflegen, mehrmals täglich wechseln
- Frostbeulen: Einreiben mit Honig
- Gedächtnisschwäche: wie Blutarmut
- Gelbsucht: 1 Eigelb mit 2 Esslöffel Honig verrühren, in drei Portionen verteilt tagsüber essen
- Furunkel: siehe Abszesse
- Geschwüre: siehe Abszesse
- Halsschmerzen: Anis/Honig-Gurgelwasser: (1 Esslöffel Anissamen zerstoßen, mit 1 Tasse kochendem Weinessig übergießen, 5 Minuten ziehen lassen, abseihen, auf 40 °C abkühlen, mit 1 Esslöffel Honig verrühren) mehrmals täglich damit gurgeln. Zusätzlich: Leinsamen/Honig-Umschlag: (zerstoßenen Leinsamen mit Honig zu einem Brei rühren) über Nacht als Halsumschlag
- Hautleiden: äußerlich, Umschläge mit Honig machen. Innerlich, viel Honig essen
- Heiserkeit: wie „Halsschmerzen“

- Herzleiden: Honigwasser oder Kräutertee mit Honig, in einer Tasse lauwarmem Wasser, Pfefferminz-, Kamillen- oder Schafgarbentee 1 Teelöffel Honig auflösen, mehrmals täglich schluckweise trinken. Willfort sagt „Honig ist das beste Herzdiätmittel, das uns die Natur schenkt!"
- Heuschnupfen: Zur Immunisierung während der pollenfreien Zeit täglich Bienenhonig essen aus der Gegend, wo man von Heuschnupfen befallen wird.
- Keuchhusten: Kräutertee mit Honig (1 Tasse Fenchelsamen-, Holunderblätter- oder Thymiantee mit 1/2 Teelöffel Honig vermischt) schluckweise verabreichen
- Keuchhusten-Vorbeugung: gleich wie „Keuchhusten"
- Krampfadern: Honigauflagen
- Krebsneigung: abwechslungsweise Blutreinigungstees (zum Beispiel Brennnessel- oder Brombeerblättertee) mit Honigzusatz trinken
- Magenleiden: Brennnesseltee mit Honig
- Magersucht: 3 x täglich 1/2 Stunde vor dem Essen 1/2 Teelöffel Honig einnehmen
- Nervenschwäche: 3 x täglich 1/4 Stunde vor dem Essen 1/4 Teelöffel Honig einnehmen
- Ohrenschmerzen: 1 Esslöffel Zwiebelsaft und 1/2 Teelöffel Honig miteinander vermengen, davon mehrmals täglich in die Ohren träufeln
- Schlaflosigkeit: Honigwasser oder -Tee: (1 Tasse lauwarmes Wasser, Dill-, Melissen- oder Thymiantee, in dem man 1 Teelöffel Honig aufgelöst hat) 1/2 Stunde vor dem Schlafengehen trinken
- Schreikrämpfe (Säuglinge): 1 Tasse Kamillentee mit 1 Teelöffel Honig
- Schuppenflechte: Honig-Umschläge und 3 x täglich 1/2 Stunde vor den Mahlzeiten Honig in auf- und absteigenden Mengen essen
- Schwäche, allgemeine: siehe „Blutarmut"

KATHRINS TIPP

Und anstelle eines Kochrezeptes das Rezept für ein Lebenselixier: Jeden Tag mindestens 1 Esslöffel Honig essen!!

- Sodbrennen: bei Bedarf 1 Tasse Brennnesseltee mit 1/4 Teelöffel Honig.
- Übermüdung (geistige): Apfelsaft mit Honig vermischt, schluckweise trinken
- Venenentzündung: Ringelblumensalbe mit Honig vermischt als Umschlag, mehrmals täglich Honigwasser trinken
- Verbrühungen: siehe Brandwunden
- Verletzungen, Verwundungen: Honigumschläge fördern die Wundheilung, verhindern bei frühzeitiger Anwendung die Eiterbildung und damit eine eventuelle Blutvergiftung
- Verstopfung: Kamillentee (1 Teelöffel Blüten mit 1 Tasse kochendem Wasser übergießen, 5 Minuten ziehen lassen, auf etwa 40 °C abkühlen, mit je 1 Teelöffel Honig und Leinöl vermengen), täglich 2 bis 3 Tassen

Welche Wonne: in ein solches Honigbrot beißen!

Krankheiten und welche Pflanzen dagegen helfen

Abführmittel	Heidelbeere (Seite 95), Spargel (Seite 75)
Abzesse	Kürbis (Seite 65), Honig (Seite 128)
Akne	Meerrettich (Seite 69), Thymian (Seite 40)
Alkohol, Unwohlsein danach	Majoran (Seite 28)
Angina	Walnuss (Seite 109)
Appetitanregung	Gerste (Seite 118), Lauch (Seite 66), Meerrettich (Seite 69), Rote Johannisbeere (Seite 101)
Appetitlosigkeit	Heidelbeere (Seite 95), Melisse (Seite 30), Schwarzer Holunder (S. 99), Salbei (Seite 39), Sellerie (Seite 73), Zwetsche (Seite 112)
Arterienverkalkung	Bärlauch (Seite 14), Schwarze Johannesbeere (Seite 102)
Arthrose	Gurke (Seite 51), Hülsenfrüchte (Seite 53)
Asthma	Honig (Seite 128), Kohl (Seite 60), Meerrettich (Seite 69), Melisse (Seite 30), Schwarzer Holunder (Seite 99), Thymian (Seite 40), Walderdbeere (Seite 90),
Atemnot	Schwarzer Holunder (Seite 99)
Atemwegserkrankungen, chronische	Thymian (Seite 40)
Atmungsorgane, Verschleimung	Lauch (Seite 66)
Aufregungszustände	Weinrebe (Seite 111)
Aufstoßen	Quitte(Seite 106)
Augenentzündungen	Zwiebel (Seite 80)
Augenleiden	Fenchel (Seite 48), Honig (Seite 129), Walnuss (Seite 108)
Ausschläge	Hülsenfrüchte (Seite 53)
Bandwurmbefall	Kürbis (Seite 65)
Basedow'sche Krankheit	Zwiebel (Seite 80)
Bauchschmerzen	Kümmel (Seite 26)
Bauchweh bei Säuglingen	Dill (Seite 21), Fenchel (Seite 48)
Beanspruchung, geistige	Karotte (Seite 55)
Belastung, nervliche	Rote Bete (Seite 71), Feldsalat (Seite 48)
Blähungen	Bohnenkraut (Seite 17), Dill (Seite 21), Kümmel (Seite 26), Meerrettich (Seite 68), Melisse (Seite 30), Petersilie (Seite 33), Sellerie (Seite 73), Weinrebe (Seite 111), Zwiebel (Seite 80)
Blähungen bei Säuglingen	Dill (Seite 21), Fenchel (Seite 48)
Blasen-Katarr	Mais (Seite 123)

Blasenleiden	Hagebutte (Seite 92), Petersilie (Seite 33), Schwarze Johannisbeere (S. 102), Gerste (Seite 118)
Blasenschmerzen	Mais (Seite 123)
Blutarmut	Artischocke (Seite 44), Feldsalat (Seite 48), Hagebutte (Seite 92), Honig (Seite 129), Rote Bete (Seite 71), Thymian (Seite 40), Tomate (Seite 77), Quitte (Seite 106)
Blutdruck, erhöhter	Bärlauch (Seite 14), Knoblauch (Seite 26), Tomate (Seite 77)
Blutdruck, niedriger	Rosmarin (Seite 36), Rote Bete (Seite 71)
Blutergüsse	Melisse (Seite 30)
Blutreinigung	Brombeere (Seite 88), Schwarze Johannisbeere (Seite 102), Heidelbeere (Seite 95), Himbeere (Seite 97), Kürbis (Seite 65), Rosmarin (Seite 36), Weinrebe (Seite 111)
Blutstillung	Quitte (Seite 106), Weinrebe (Seite 111)
Blutungen	Weinrebe (Seite 111)
Blutverbesserung	Rote Bete (Seite 71)
Brechreiz	Bohnenkraut (Seite 17), Kümmel (Seite 26)
Bronchialasthma	Fenchel (Seite 49)
Bronchial-Katarr	Melisse (Seite 30)
Bronchien, Schleim	Anis (Seite 12)
Bronchitis	Gerste (Seite 118), Fenchel (Seite 49), Honig (Seite 129), Schwarzer Holunder (Seite 99)

Cholesterin, Senkung	Hirse (Seite 121)
Darm- und Nierentätigkeit	Weinrebe (Seite 111)
Darmentgiftung	Apfel (Seite 85)
Darmentzündung	Kohl (Seite 60), Kartoffel (Seite 57)
Darmtätigkeit	Meerrettich (Seite 69), Rote Johannisbeere (Seite 101)
Diarrhöen, Koliken	Schwarze Johannisbeere (Seite 102)
Dickdarmentzündung	Meerrettich (Seite 69)
Durchblutungsförderung	Rosmarin (Seite 36), Sauerkraut (Seite 62)
Durchfall	Hafer (Seite 119), Apfel (Seite 85), Dinkel (Seite 116), Gerste (Seite 118), Heidelbeere (Seite 95), Kirsche (Seite 104), Quitte (Seite 106), Schwarzer Holunder (Seite 99), Honig (Seite 129), Walderdbeere (Seite 90)
Durstlöscher	Apfel (Seite 85), Fenchel (Seite 49), Rote Johannisbeere (Seite 101)
Eierstock- u. Gebärmutter-entzündungen	Zwiebel (Seite 80)
Einschlafprobleme	Brombeere (Seite 88), Honig (Seite 129)
Ekzeme, nässende	Hülsenfrüchte (Seite 53)

Entfettung	Mais (Seite 123), Kopfsalat (Seite 63)
Entschlackung, Entgiftung, Blutreinigung	Gurke (Seite 51), Hirse (Seite 121)
Entzündungen und Brand auf Brust und in den Gliedern	Kartoffel (Seite 57)
Erbrechen	Dill (Seite 21)
Erfrierungen	Meerrettich (Seite 69)
Erkältungskrankheiten	Estragon (Seite 23), Karotte (Seite 55), Salbei (Seite 39), Schwarzer Holunder (Seite 99)
Erschöpfung, geistige	Apfel (Seite 85), Rosmarin (Seite 36)
Erschöpfungszustände	Hagebutte (Seite 92) Falten Gurke (Seite 51)
Fettleibigkeit	Karotte (Seite 55)
Fieber	Himbeere (Seite 97), Honig (Seite 129), Meerrettich (Seite 69), Rote Bete (Seite 71), Rote Johannisbeere (Seite 101), Schwarzer Holunder (Seite 99), Weinrebe (Seite 111)
Fingernägel, brüchige	Hirse (Seite 121), Zwiebel (Seite 80)
Fischgräten im Hals	Kartoffel (Seite 57)
Frostbeulen	Honig (Seite 130), Meerrettich (Seite 69), Walnuss (Seite 108)
Frühjahrsmüdigkeit	Artischocke (Seite 44), Hagebutte (Seite 92), Lauch (Seite 66),
Furunkel	Kürbis (Seite 65), Honig (Seite 126/130)

Hautkrankheiten	Weinrebe (Seite 111), Brunnenkresse (Seite 19), Gurke (Seite 51), Hülsenfrüchte (Seite 53), Honig (Seite 130), Karotte (Seite 55), Sellerie (Seite 73)
Hautunreinheiten	Brombeere (Seite 88), Brunnenkresse (Seite 19), Walnuss (Seite 108), Weinrebe (Seite 111)
Heiserkeit Fenchel	(Seite 49), Rote Bete (Seite 71), Zwiebel (Seite 80)
Herzbeschwerden	Gurke (Seite 51), Himbeere (Seite 97), Honig (Seite 130), Kartoffel (Seite 57), Melisse (Seite 30), Rosmarin (Seite 36), Tomaten (Seite 77)
Herzmuskeltätigkeit	Kopfsalat (Seite 63)
Hexenschuss	Lauch (Seite 66)
Hungergefühl	Apfel (Seite 85)
Husten	Fenchel (Seite 49), Kirsche(Seite 104), Kümmel (Seite 26), Lauch (Seite 66), Meerrettich (Seite 69), Rettich (Seite 70), Schwarzer Holunder (Seite 99), Schwarze Johannisbeere (Seite 102), Sellerie (Seite 73), Zwiebel (Seite 80)
Immunsystem, Stärkungsmittel	Knoblauch (Seite 26), Schwarzer Holunder (Seite 99)
Infektionskrankheiten	Karotte (Seite 55), Salbei (Seite 39)
Insektenstiche	Lauch (Seite 66), Meerrettich (Seite 69), Melisse (Seite 30), Zwiebel (Seite 80)
Ischias	Hagebutte (Seite 92), Hülsenfrüchte (Seite 53), Tomate (Seite 77)
Katarr	Rote Bete (Seite 71)
Katarr, trockener	Zwiebel (Seite 80)
Kehlkopfentzündung	Walnuss (Seite 108)
Keuchhusten	Fenchel (Seite 49), Himbeere (Seite 97), Rettich (Seite 70), Schwarze Johannisbeere (Seite 102) Schwarzer Holunder (Seite 99), Thymian (Seite 40)
Kleinkinder, Stärkung schwächlicher	Kümmel (Seite 27)
Knochenleiden	Dinkel (Seite 116)
Koliken	Melisse (Seite 30), Thymian (Seite 40)
Kopfgrind bei Kindern	Pfefferminze (Seite 34)
Kopfhaut, Ungezieferbefall	Salbei (Seite 39)
Kopfschmerzen	Kohl (Seite 60), Melisse (Seite 30), Pfefferminze (Seite 34), Rosmarin (Seite 36), Walnuss (Seite 108)
Kopfschuppen	Knoblauch (Seite 26), Walnuss (Seite 108)
Krampfadern	Rosmarin (Seite 36)
Krämpfe, innere	Salbei (Seite 39)
Krätze	Walnuss (Seite 108)

Krebs, vorbeugen	Rote Bete (Seite 71), Honig (Seite 131)
Kreislauf	Hafer (Seite 119), Rosmarin (Seite 36), Schwarzer Holunder (Seite 99)
Läuse und Milben	Anis (Seite 12)
Lebererkrankungen	Artischocke (Seite 44), Bärlauch (Seite 14), Bohnenkraut (Seite 17), Lauch (Seite 66), Petersilie (Seite 33), Rosmarin (Seite 36), Rote Bete (Seite 71), Walderdbeere (Seite 90)
Lippen, aufgesprungene	Feldsalat (Seite 48)
Lungen, verschleimte	Bärlauch (Seite 14)
Lungenentzündung bei Pferden, Kühen, Schweinen und Hunden	Anis (Seite 12)
Lungenentzündung beim Menschen	Thymian (Seite 40), Zwiebel (Seite 80)
Madenwürmer	Bärlauch (Seite 14)
Magen und Darmprobleme	Anis (Seite 12), Apfel (Seite 85), Bärlauch (Seite 14), Dill (Seite 21), Fenchel (Seite 49), Hafer (Seite 119), Himbeere (Seite 97), Karotte (Seite 55), Kartoffel (Seite 57), Kohl (Seite 60), Kürbis (Seite 65), Lauch (Seite 66), Melisse (Seite 30), Tomate (Seite 77), Walderdbeere (Seite 90), Zwiebel (Seite 80)
Magen, überfüllter	Majoran (Seite 28)
Magensaft, Förderung	Gerste (Seite 118)
Magensäfte	Brunnenkresse (Seite 19)
Magenschmerzen, Magenkolik	Kümmel (Seite 26)
Magenstärkung	Brunnenkresse (Seite 19), Spargel (Seite 75)
Masern	Schwarzer Holunder (Seite 99)
Mastkur	Kartoffel (Seite 57)
Menstruationsbeschwerden	Anis (Seite 12), Brokkoli (Seite 46), Kohl (Seite 60), Kümmel (Seite 26), Majoran (Seite 28), Sellerie (Seite 73), Thymian (Seite 40)
Menstruationsförderung	Estragon (Seite 23), Kümmel (Seite 26), Petersilie (Seite 33), Quitte (Seite 106)
Migräne	Schwarze Johannisbeere (Seite 102)
Milchbildung, Förderung	Anis (Seite 12), Dill (Seite 22), Fenchel (Seite 49), Gerste (Seite 118), Kümmel (Seite 26)
Milchschorf	Kohl (Seite 60)
Mundfäule	Heidelbeere (Seite 95)
Mundgeruch	Anis (Seite 12), Dill (Seite 21), Kümmel (Seite 26), Pfefferminze (Seite 34), Salbei (Seite 39), Walderdbeere (Seite 90)
Muskelkater	Majoran (Seite 28)

Nabelbruch	Dill (Seite 21)
Nagelbett-Geschwüre	Zwiebel (Seite 80)
Nasenbluten	Zwiebel (Seite 80)
Nasenschleimhäute, trockene	Feldsalat (Seite 48)
Nerven von Ohren, Nase und Gehirn, Stärkung	Thymian (Seite 40)
Nervenberuhigung	Apfel (Seite 85)
Nervenleiden	Weinrebe (Seite 111)
Nervenschwäche	Melisse (Seite 30), Weinrebe (Seite 111), Zwiebel (Seite 80)
Nervosität	Dill (Seite 21), Salbei (Seite 39)
Nieren- und Blasenbeschwerden	Anis (Seite 12), Gerste (Seite 118), Gurke (Seite 51), Hafer (Seite 119), Hagebutte (Seite 92), Himbeere (Seite 97), Hülsenfrüchte (Seite 53), Karotte (Seite 55), Kartoffel (Seite 57), Knoblauch (Seite 26), Kopfsalat (Seite 63), Kürbis (Seite 65), Mais (Seite 123), Schwarze Johannisbeere (Seite 102), Sellerie (Seite 73), Spargel (Seite 75), Tomate (Seite 77), Thymian (Seite 40), Walderdbeere (Seite 90), Zwiebel (Seite 80)
Ödeme	Mais (Seite 123)
Ohnmacht	Melisse (Seite 30), Thymian (Seite 40)
Ohrenschmerzen	Knoblauch (Seite 26), Zwiebel (Seite 80)
Parodontose	Salbei (Seite 39), Zwetsche (Seite 112)
Potenzstörungen	Sellerie (Seite 73), Tomate (Seite 77)
Prostatabeschwerden	Kürbis (Seite 65)
Quetschungen	Melisse (Seite 30)
Rachitis	Walnuss (Seite 108)
Raucher-Mundgeruch	Heidelbeere (Seite 95)
Rheuma	Apfel (Seite 85), Hafer (Seite 119), Himbeere (Seite 97), Hagebutte (Seite 92), Hülsenfrüchte (Seite 53), Knoblauch (Seite 26), Kohl (Seite 60), Kürbis (Seite 65), Mais (Seite 123), Majoran (Seite 28), Quitte(Seite 106), Rosmarin (Seite 36), Schwarzer Holunder (Seite 99), Sellerie (Seite 73), Tomate (Seite 77), Walnuss (Seite 108)
Röteln	Kohl (Seite 60)

Unterleibsleiden	Hafer (Seite 119), Zwiebel (Seite 80)
Urinausscheidung	Kümmel (Seite 26), Schwarze Johannisbeere (Seite 102)
Urinieren, Schmerzen beim	Schwarze Johannisbeere (Seite 102)
Verbrennungen	Kartoffel (Seite 57), Kohl (Seite 60)
Verdauungsstörungen	Anis (Seite 12), Apfel (Seite 85), Bohnenkraut (Seite 17), Brombeere (Seite 88), Fenchel (Seite 49), Gerste (Seite 118), Kopfsalat (Seite 63), Petersilie (Seite 33), Rosmarin (Seite 36), Schwarzer Holunder (Seite 99)
Verstauchungen	Rosmarin (Seite 36), Spargel (Seite 75)
Verstopfung	Apfel (Seite 85), Dill (Seite 21), Dinkel (Seite 116), Himbeere (Seite 97), Honig (Seite 131), Karotte (Seite 55), Kohl (Seite 60), Kopfsalat (Seite 63), Tomate (Seite 77), Zwetsche (Seite 112)
Verstopfung, chronische	Gurke (Seite 51), Kartoffel (Seite 57)
Vitamin-C-Mangel	Kartoffel (Seite 57), Himbeere (Seite 97), Sauerkraut (Seite 62), Rote Johannisbeere (Seite 101)
Warzen	Walnuss (Seite 108)
Wassersucht	Hülsenfrüchte (Seite 53), Schwarze Johannisbeere (Seite 102)
Wechseljahresbeschwerden	Gurke (Seite 51)
Wehenschmerzen	Kümmel (Seite 26)
Weißfluss	Bärlauch (Seite 14), Brombeere (Seite 88), Walnuss (Seite 108)
Windpocken	Kohl (Seite 60)
Wolle, Färben von	Weinrebe (Seite 111)
Wunden (kleinere)	Walderdbeere (Seite 90)
Wunden, eitrige	Weinrebe (Seite 111), Zwiebel (Seite 80)
Wunden, schlecht verheilende	Kohl (Seite 60)
Wundheilung	Rote Bete (Seite 71), Tomate (Seite 77)
Wundliegen	Kohl (Seite 60), Weinrebe (Seite 111)
Wundreinigung	Bärlauch (Seite 14)
Wundsein bei Säuglingen	Heidelbeere (Seite 95)
Wurmbefall	Karotte (Seite 55), Knoblauch (Seite 26), Kümmel (Seite 26), Zwiebel (Seite 80)
Zahnfleisch, Stärkung	Rote Johannisbeere (Seite 101)
Zahnfleischblutungen	Weinrebe (Seite 111)
Zahnfleischentzündungen	Heidelbeere (Seite 95), Pfefferminze (Seite 34)
Zahnschmerzen	Melisse (Seite 30), Majoran (Seite 28), Pfefferminze (Seite 34), Schwarzer Holunder (Seite 99), Spargel (Seite 75)

Zittern	Salbei (Seite 39)
Zuckerkrankheit	Bohnenkraut (Seite 17), Gurke (Seite 51), Hafer (Seite 119), Himbeere (Seite 97), Hülsenfrüchte (Seite 53), Kürbis (Seite 65), Spargel (Seite 75), Walderdbeere (Seite 90)
Zunge, wunde	Pfefferminze (Seite 34)

Literaturverzeichnis

Basso, Lucia: Il grande dizionario delle erbe. Erbe per la cucina, per la salute, per la bellezza, CET – Clerico Editore Torino, Torino, 1998

Böhmig, Ulf: Heilmittel Ernährung. Naturnahe Behandlung, Verlag Orac, Wien, 1985

Carper, Jean: Dramatic New Evidence That Food is Your Best Medicine, Bantam Books, New York und Toronto, 1988

Cecchini, Tina: Enciclopedia delle Erbe Medicinali, Giovanni De Vecchi Editore, Milano, 1988

Donadieu Yves: Die Propolis, Natürliche Heilbehandlung, C. Koch, Imkerei-Technik-Verlag, D 77728 Oppenau/Schw., 1981

Fröhlich, Hans Horst: Sebastian Kneipps Kräuter- und Naturgarten, Kosmos-Verlag, Stuttgart, 2001

Kneipp, Sebastian: So sollt Ihr leben! Winke und Rathschläge für Gesunde und Kranke zu einer einfachen und vernünftigen Lebensweise und einer naturgemäßen Heilmethode, Verlag Josef Kösel, Kempten, 1897

Künzle, Joh. Pfr.: Chrut und Uchrut, Eigenverlag, 1912, Jubiläumsausgabe zum 120. Geburtstag von Kräuterpfarrer Joh. Künzle, Verlag Kräuterpfarrer Künzle AG, CH 6648 Minusio, 1977

Künzle, Joh. Pfr.: Das große Kräuterheilbuch, Verlag Otto Walter AG, Olten, 1945

Lange-Ernst Maria E.: Heilpflanzensäfte. Natur in konzentrierter Form für Gesundheit und Wohlbefinden, Verlag LAG, Lust auf Gesundheit e.V., München, 1997

Leibold, Gerhard: Taschenlexikon der Naturheilkunde, Humboldt-Taschenbuchverlag Jacobi KG, München, 1981

Mihailescu, Gisela und Andreas: Gegen jede Krankheit ist ein Kraut gewachsen. Rezepte der modernen Pflanzenheilkunde und deren Anwendung, Albert Müller Verlag, Rüschlikon-Zürich, Stuttgart, Wien, 1982

Rätsch, Christian: Heilkräuter der Antike in Aegypten, Griechenland und Rom, Mythologie und Anwendung einst und heute, Eugen Diederichs Verlag, München, 1995

Saradella, Luca, Majello, Janira: La Farmacia della Nonna, Rimedi tradizionali e preziose ricette per una saluta naturale, Lyra Libri, 22100 Como, 1999

Schönenberger, Walther: Bewußt ernähren. Gesund durch natürliche Säfte, Econ Verlag, Düsseldorf und Wien, 1976

Scholz, Hein, Hiepe, Frank: Arnika und Frauenwohl. Heilpflanzen aus Baden-Württemberg, dem Elsaß und der Nordschweiz, Ipa-Verlag, D-71656 Vaihingen/Enz

Sigrist, Alfred: Appenzeller Kräuterapotheke, Appenzeller Verlag, CH 9101 Herisau, 1997

Vogel, A.: Der kleine Doktor. Eine bunte Zusammenfassung hilfreicher Ratschläge aus der schweizerischen Volksheilkunde. Verlag A. Vogel, Teufen AR, 1952

Vonarburg, Bruno: Gottes Segen in der Natur, Christiana-Verlag, CH-8260 Stein am Rhein, 1979

Vonarburg, Bruno: Das Kräuterjahr – bewährte Heilpflanzen und beliebte Würzkräuter im Jahreslauf, Silva Verlag, CH 8000 Zürich, 1981

Willfort, Richard: Gesundheit durch Heilkräuter, Rudolf Trauner Verlag, Linz, 1959

Register

Postfach 106011
D-70049 Stuttgart
TELEFON +49 (0)711-2191-0
FAX +49 (0)711-2191-422
WEB www.kosmos.de
www.diesiedlervoncatan.de
E-MAIL info@kosmos.de

Impressum

Mit 171 Farbfotos von:
Michael Bauer, Baden-Baden: 1, 2/3, 3 (Einklinker), 7, 8, 14 o, 15 u, 16, 17, 18 o, 19, 21, 23, 28, 29, 30 u, 32 beide, 34, 35, 36, 38 u, 40 u, 45, 48, 56, 60 u, 63, 64 u, 65 o, 66, 67 o, 70, 71, 72, 73, 75 o, 79, 84, 88 u, 90, 94, 98, 104 beide, 105, 107 beide, 108 u, 109, 111, 129 o, 133, 135, 136, 140, 147, 149, 150, 152, Vignettenkopf Frau Rüegg
Helga Buchter-Weisbrodt, Rödersheim-Gronau: 54 u
John Foxx Nature & Animals, Amsterdam: Vol. 3: Vignetten Getreide (Seite 116 – 122), 89 o, 139, Vol. 12: Vignetten Honig (Seite 126 – 132)
Gartenbildagentur, Au/Hallertau: 68
Gartenschatz/Dirk Mann: 12, 14 u, 22, 31 beide, 33, 41 u, 44, 49 beide, 106, 134, 143, 144, Vignetten Kräuter (Seite 12 – 40)
Hilde Götz, Oberboihingen: 4, 5, 6, 9, 15 o, 24 o, 40 o, 52, 55, 64 o, 67 u, 75 u, 77, 81, 88 o, 96 o, 99, 100 u, 102 u, 108 o
Häberli Obst- und Beerenzentrum AG, CH-Neukirch-Egnach: 89 u, 94 u, 96 u, 97, 100 o, 101, 102 o, 103
Hans E. Laux, Biberach/Riß: 18 u, 30 o
Wolfgang Redeleit, Bienenbüttel: 24 u, 27, 65 u
Reinhard Tierfoto, Hans Reinhard, Heiligkreuzsteinnach: 10/11, 20, 25, 37 beide, 38 o, 43/44, 46, 47, 50, 51, 53, 57, 61, 62, 69 o, 74, 76, 83, 91, 92, 93, 95, 110, 112, 113, 114/115, 116, 117, 118 beide, 119, 120, 121 beide, 122 beide, 123, 124/125, 126, 127, 128, 129 u, 130, 131, Vignetten Obst (Seite 84 – 112)
Ralf Roppelt, Ludwigsburg: 39, 58, 84, 86, 87, 151, Vignetten Gemüse (Seite 44 – 80)
Anneliese Schatter, Stuttgart: 60 o, 87 u
Jürgen Stork, Ohlsbach: 54 o

Mit 1 Illustration von Andrea Merz, München: Seite 80

Umschlaggestaltung von Atelier Reichert, Stuttgart, unter Verwendung von 2 Farbfotos von Michel Bauer, Baden-Baden (Bauchbinde), und Reinhard Tierfoto, Heiligkreuzsteinach/Eiterbach (großes Bild)
Mit 171 Farbfotos und 1 Farbillustration.
Gedruckt auf chlorfrei gebleichtem Papier

Bibliografische Informationen der Deutschen Bibliothek

Die Deutsche Bibliothek verzeichnet diese Publikation in der Deutschen Nationalbibliografie; detaillierte bibliografische Daten sind im Internet über http://dnb.ddb.de abrufbar.

ISBN 3-440-09460-X
Redaktion: Dr. Folko Kullmann, Angelika Throll-Keller
Mitarbeit: Dr. Sabine Höth
Bildredaktion: Dr. Folko Kullmann
Produktion: Siegfried Fischer, Stuttgart
Grundlayout: Atelier Reichert, Stuttgart
Printed in Germany/Imprimé en Allemagne

Alle Angaben in diesem Buch sind sorgfältig geprüft und geben den neuesten Wissensstand bei der Veröffentlichung wieder. Da sich das Wissen aber laufend in rascher Folge weiterentwickelt und vergrößert, muß jeder Anwender prüfen, ob die Angaben nicht durch neuere Erkenntnisse überholt sind. Dazu muß er zum Beispiel Beipackzettel lesen und genau befolgen sowie Gebrauchsanweisungen und Gesetze beachten.
In diesem Buch werden Hinweise zur Naturheilkunde gegeben. Nur auf die beschriebenen Arten trifft die angegebene Verwendung zu, ihr Gebrauch setzt daher ihre sichere Kenntnis voraus. Heilpflanzentees sollten immer nur beschränkte Zeit und nicht länger als nötig eingenommen werden, auch Hausteemischungen sollte man öfter wechseln. Behandelt werden dürfen nur leichtere Gesundheitsstörungen, die keiner ärztlichen Behandlung bedürfen. Den Arztbesuch kann dieses Buch auf keinen Fall ersetzen. Auch dürfen verschiedene Kräuter, wie z. B. Rosmarin, nicht während der Schwangerschaft eingenommen werden.

Bewährtes und wertvolles Gartenwissen

Paul Seitz
Großvaters Kräuterwissen

184 Seiten
246 Abbildungen
gebunden

ISBN
3-440-09359-X

€ 12,90
€/A 13,30; sFr 22,60

Joachim Mayer
Gemüse – Alte Gartentipps neu ausgegraben

64 Seiten
86 Abbildungen
Klappenbroschur

ISBN
3-440-07945-7

€ 7,50
€/A 7,80; sFr 13,50

Joachim Mayer
Obst und Beeren – Alte Gartentipps neu ausgegraben

64 Seiten
89 Abbildungen
Klappenbroschur

ISBN
3-440-07954-6

€ 7,50
€/A 7,80; sFr 13,50

Bruns/Stammer
Was Großvater noch wußte

192 Seiten, 170 Abbildungen, gebunden
ISBN 3-440-09459-6

€ 12,90
€/A 13,30; sFr 22,60

Ein nützlicher und humorvoller Ratgeber mit vielen Tipps für alle Gartenfreunde! Der Gartenbestseller verrät, wie man zum Beispiel Regenwürmer anlockt und Schnecken und Blattläuse fernhält, oder warum Kaffeesatz und Schwarztee im Garten nützlich sind.

- Mit neuen Ideen und Tricks
- Welche Wildkräuter schon Großvater als Delikatesse schmeckten